하느님의 알파벳 ❷

예수님 제자들이 사용한

그리스어 낱말

L'ALFABETO DI DIO
by Gianfranco Ravasi
© 2023 Edizioni San Paolo s.r.l.
Piazza Soncino 5 - 20092 Cinisello Balsamo(Milano) - ITALIA
www.edizionisanpaolo.it

하느님의 알파벳 2

예수님 제자들이 사용한

그리스어 낱말

교회 인가 | 2025년 3월 27일
1판 1쇄 | 2025년 11월 30일

글쓴이 | 잔프랑코 라바시
옮긴이 | 박요한 영식
펴낸이 | 김사비나
펴낸곳 | 생활성서사
편집인 | 윤혜원
편집 자문 | 허찬욱 **디자인 자문** | 이창우, 최종태, 황순선
편집장 | 박효주 **편집** | 안광혁, 김병수, 이광형
디자인 | 강지원 **제작** | 유재숙 **마케팅** | 노경신 **온라인 홍보** | 박수연
등 록 | 제78호(1983. 4. 13.)
주 소 | 서울특별시 강북구 덕릉로42길 57-4
편 집 | 02)945-5984
영 업 | 02)945-5987
팩 스 | 02)945-5988
온라인 | 신한은행 980-03-000121 재) 까리따스수녀회 생활성서사
인터넷 서점 | **www.biblelife.co.kr**
가톨릭 교회의 모든 도서는 '생활성서사' 인터넷 서점에서 만나실 수 있습니다.

ISBN 978-89-8481-707-4 03230
책값은 뒤표지에 있습니다.

하느님의 알파벳 2

예수님 제자들이 사용한

그리스어 낱말

ἀγάπη βαπτίζω ἐγείρω θεός

ἐλπίς ἅγιος ζωή λόγος πίστις

글쓴이 잔프랑코 라바시 | 옮긴이 박요한 영식

생활성서

대문자	소문자	이름	음역
Α	α	alfa 알파	a
Β	β	beta 베타	b
Γ	γ	gamma 감마	g
Δ	δ	delta 델타	d
Ε	ϵ	epsilon 엡실론	e
Ζ	ζ	zeta 제타	z
Η	η	eta 에타	ē
Θ	θ	theta 테타	th
Ι	ι	iota 요타	i
Κ	κ	cappa 카파	c
Λ	λ	lambda 람다	l
Μ	μ	mi 미	m
Ν	ν	ni 니	n
Ξ	ξ	xi 크시	x
Ο	ο	omicron 오미크론	o
Π	π	pi 피	p
Ρ	ρ	rho 로	r
Σ	σ ς	sigma 시그마	s
Τ	τ	tau 타우	t
Υ	υ	üpsilon 윕실론	y
Φ	φ	fi 피	ph
Χ	χ	chi 키	ch
Ψ	ψ	psi 프시	ps
Ω	ω	omega 오메가	ō

이 책을 처음 접하는 사람은 아마 당황스러울 수도 있을 것입니다. 낯선 문자를 다루는 데다 표기 또한 오늘날의 언어들과 다르기 때문입니다. 실제로 히브리어와 그리스어 단어는 두 고대 언어의 알파벳 순서에 따라 배열되었습니다('그리스어 음역' 참조, 4쪽).

이 책은 오랫동안 성경을 구약 성경(또는 첫째 성경)과 신약 성경 두 단계로 나누어 가르쳐 온 사람이 오래전부터 준비한 도전에서 시작됐습니다. 다시 말해 이 책은 두 개의 기본 언어, 곧 히브리어와 그리스어로 쓰인 성경 일흔세 권 원본이 지닌 매력의 극히 일부만이라도 맛보게 해 주고픈 염원에서 출발한 것입니다.

『돈키호테』의 저자 세르반테스가 말했듯이, 모든 번역은 '아라스 태피스트리의 뒷면'과도 같아 앞면의 생생한 색상과 정교한 모습과는 달리, 그 뒷면은 창백한 색상과 희미한 선으로 가득합니다. 같은 이유에서 아기 예수의 소화 데레사 성인은 다음과 같이 고백했습니다. "내가 만약 사제였더라면, 하느님께서 우리 인간의 언어로 표현하고자 하신 그 형태대로 하느님의 생각을 알기 위해 히브리어와 그리스어를 깊이 공부했을 것이다."

그리스어 성경을 라틴어 성경 '불가타'로 번역한 저명한 번역가 예로니모 성인도 인정하듯, 그와 같은 공부는 피곤한 것입니다. "새로운 알파벳과 귀에 거슬리는 금속성의 날카로운 발음을 배울 필요가 있다. 그것이 얼마나 고된 일이었는지, 몇 번이나 포기했다 다시 시작했는지, 내 양심만이 이를 증언할 수 있다."

이제 성경 언어를 배우는 두 가지 여정을 제안합니다.

예수님께서도 알고 계셨던 성경 속 히브리어 배우기

첫 번째 여정은 구약 성경을 살펴보는 것입니다. 구약 성경을 이루는 305,441개의 단어 중 사용된 용어의 수 5,750개를 확인, 그중 척추와 같이 중요한 역할을 하는 어휘 55개를 원어로 제시하고 오늘날의 현대어로 읽을 수 있도록 음역音譯한 후, 각 어휘를 폭넓게 설명했습니다. 성경 메시지의 근본 주제들을 설명해 주는 이 어휘들을 예수님은 배워 잘 알고 계셨으며, 나자렛이나 카파르나움의 회당, 예루살렘 성전에서 매 안식일과 유다 축제일들에 귀

기울여 듣고 되풀이해 말씀하셨습니다. 그러므로 어떤 의미에서 이 책을 읽는 것은 예수님의 목소리와 조화를 이루는 방법이 될 것입니다.

이 용어들은 현대 어휘가 표현할 수 없는 더 많은 의미를 압축하고 있기도 합니다. 특히 대기음이나 마찰음 또는 치음을 지닌 자음*은 발음을 하는 것조차도 어려워 마치 고된 노동처럼 여겨지기도 할 것입니다. 그러나 이 히브리어 단어들을 공부하면, 성경 주인공들의 성격과 행동, 생각의 진정한 모습을 묘사할 수 있을 것입니다. 이제 이 단어들을 독서라는 무대 위에 올려놓고 설명하겠습니다.

그리하여 하느님의 이름과 함께 그분의 창조와 구원, 영광과 말씀과 축복, 그분의 메시지를 전하는 천사들과 예언자들뿐 아니라 그분의 적대자는 물론 우상인 바알과 사탄이 무대에 함께 오를 것입니다. 메시아, 다윗 가문의 임금, 고난받는 종, 임마누엘, 그리고 평화의 창조자도 함께 등장할 것입니다. 구원의 역사에 결정적 역할을 하는 '사람uomo', 곧 아버지이자 아들이고, 이름과 얼굴과 살아 있는 영과 살을 갖고 있으며, 하느님처럼 사랑하고 자애로운

---

* 대기음帶氣音: 거센소리, 'ㅊ', 'ㅋ', 'ㅌ', 'ㅍ' 등과 같이 숨이 거세게 나오는 자음.
마찰음摩擦音: 갈이소리, 'ㅅ', 'ㅆ', 'ㅎ' 등과 같이 입안, 목청 등 조음 기관의 좁혀진 틈으로 공기가 나오며 마찰되어 나는 소리.
치음齒音: 잇소리, 'ㄷ', 'ㄸ', 'ㅌ', 'ㅅ', 'ㅆ', 'ㄴ', 'ㄹ'처럼 혀끝을 윗잇몸이나 그 근처에 대서 내는 소리.

마음을 지니며, 양식을 먹고, 세상에 살며, 다른 민족들 사이에서 한 백성이 되고, 지혜와 아름다움을 추구하는 사람에게 매우 큰 자리가 주어질 것입니다.

그러나 그는 자유 의지에 의한 죄인이기도 하기에 회개와 속죄가 필요하며, 연약하고 죽음의 운명에 처한 존재입니다. 그는 지옥으로 떨어질 운명이지만, 영원으로 운명 지어진 존재이기도 합니다. 그는 성전에서, 안식일에, 행동으로, 사제나 랍비의 말에 귀를 기울이며 기도하고 할렐루야를 외치는 전례에서, 모두가 하나 되는 파스카와 같은 거룩한 날에, '예배'를 통해 하느님께 나아갈 수 있습니다. 우리는 심원한 의미를 가진 주제 단어들, 곧 계약, 토라, 성실, 진리, 정의, 인식, 들음, 기억, 영적 가난 등을 폭넓게 숙고함으로써 성경 '신앙'의 위대한 장을 열게 될 것입니다.

복음서 저자들과 바오로 사도가 사용한 그리스어 배우기

구약 성경 히브리어 세계의 여정을 마치고 난 용기 있는 독자 앞에는 또 다른 여정이 열릴 것입니다. 그러나 이번에는 피곤함이 조금 덜할 것입니다. 그리스어는 서구의 많은 어휘들을 생산한 언어이고, 현대 서양은 고전 형태나 '헬레니즘'으로 정의된 그리스어의 문화유산을 이어받았습니다. 사실, 오늘날 영어가 널리 통용되는 것과 마찬가지로 로마 제국 시대 민중들 사이에서는 그리스어가 라틴어보다 더 널리 사용되었으며, '공통'의 언어라는 의미의 '코이네koinê'라 불리기도 했습니다. 거룩한 성경 저자들은 셈족 배경을 느끼게 하는 독특한 언어 유형학을 따르지만, 신약 성경을 구성하는 스물일곱 권의 책들도 그리스어로 집필되었습니다.

신약 성경에 사용된 그리스어 단어는 모두 138,020개입니다. 주된 어휘는 5,433개이며, 그 안에서도 신약 성경 신학 전체를 아우르는 매뉴얼을 형성할 수 있을 메시지를 담은 어휘 50여 개를 선정했습니다. 많은 단어들이 당대 로마 제국 전체에 널리 퍼져 사용되고 있었습니다. 초기 그리스도교는 단어들을 받아들여 새로운 의미를 부여하기도 했지만, 그 뜻이 크게 달라지지는 않았습니다.

이 점에 있어서 '복음 선포'에 대한 바오로 사도의 남다른 창의성이 두드러집니다. 이 두 번째 여정에서 발견할 수 있듯이, '복음 선포' 역시 몇몇 단어들과 마찬가지로 바오로 사도에게서 새로운 의미를 부여받았습니다. 그 예로 이 책은 오늘날에도 유사한 형태인 그리스어 알파벳 순서에 따라 'agápe사랑', 'hamartía죄', 'dikaiosýnê정의, 의로움', 'nómos법', 'pnéuma영', 'sárx살', 'cháris은총'와 같은 단어들을 살펴보기를 권합니다.

신약 성경의 복음서들과 다른 책들에서 이 단어들 중 더러는 다른 단어들과 함께 자체의 고유한 특성을 지닌 채 사용되는 것도 있습니다. 이 책의 폭넓은 설명을 따라 이 단어들을 이해하고 반복해 사용한다면, 독자들은 바오로 사도나 신약 성경의 다른 저자들의 말과 표현에 공감할 수 있을 것입니다. 이 시점에서 이 책은 자신의 도서관에 이 책을 두고픈 사람, 특히 연구로 심화하려는 사람에게 흥미로운 주제를 던집니다. 그것은 어쩌면 신약 성경의 독자들이 갖는 다음 두 가지 질문에 대한 대답이기도 합니다. '예수님은 어떤 언어를 구사하셨는가?', '예수님은 읽고 쓸 줄 아셨는가?'

예수님은 어떤 언어를 구사하셨는가?

예를 들어, 요한 복음서에서 예루살렘 성전 안에 이방인(이교인)도 들어갈 수 있는 '이방인의 뜰'에서 예수님과 그리스 사람 몇 명이 만났다는 이야기(요한 12,20-28 참조)에서, 또는 로마 법정에서 빌라도 총독과 대화를 나눈 이야기(요한 18,33-38 참조)에서 앞서 말한 첫 번째 물음을 제기할 수 있을 것입니다. 당시 로마 제국의 속주였던 팔레스티나에서는 네 개의 언어 곧 그리스어, 히브리어, 아람어, 라틴어가 사용되었습니다. 예수님의 십자가 위에 매단 명패에는 라틴어도 적혀 있었습니다(요한 19,20 참조). 그러나 라틴어는 로마 점령군 사이에서만 사용되었기에, 네 가지 언어 중 남은 것은 세 가지입니다.

로마 제국의 공용어였던 그리스어로 논의를 시작해 보겠습니다. 앞서 이야기했듯, 당시에는 그리스어가 오늘날의 영어처럼 통용되었습니다. 예루살렘에서는 특히 고위층이 상거래를 위해 주로 사용했습니다. 백성들은 '이방인', 즉 팔레스티나에 거주하는 외국인과 소통하기 위해 그리스어를 필수 언어로 받아들일 수밖에 없었습니다. 그러므로 예수님도 비유다인과 접촉하실 때나, 빌라도와 법정에서 대화하실 때 그리스어를 사용하셨을 것입니다. 훗날 신약 성경도 더욱 보편적 통교를 위해 그리스어를 적극 수용합니다. 다만, "예수님이 유다인들의 성읍과 마을에 등록되어 계시며 나자렛에서 목수로 일하실 때나 갈릴래아 여정에서나, 그 어디에서도 그리스어를 유창하게 사용하지는 않으셨을 것이다. 그러므로 예수님께서 당신 주위로 몰려든 군중에게 규칙적으로 그리스어로 가르치셨을 것이라고 볼 이유는 없다."라는 미국의 성서학자 마이어John P. Meier의 지적도 있습니다.

히브리어로 넘어가 볼까요? 바빌론 유배 이후 히브리어는 '사어死語화'되어, 당시 고대 근동의 공용어였던 아람어로 대체되어 갔다는 사실은 익히 알려져 있습니다. 그러나 사해 근처 쿰란에서의 고고학 발견에 의하면 히브리어는 전례어로서는 물론이고 문서에서도 결코 사라지지 않았습니다. 히브리어는 쿰란 사람들처럼 종교적이며 열성적인 유다인들의 지성인 그룹에 의해 주석-신학 토론에서 사용된 교양 언어였습니다. 루카 복음서 저자가 예수님께서 나자렛 회당에서 이사야 예언서의 말씀을 읽으셨다고 한 증언(루카 4,16-20 참조)에서도 알 수 있듯이, 아마도 예수님께서는 성경을 읽기 위해 나자렛 회당의 학교에서 히브리어를 배우셨을 것입니다. 적어도 복음서들이 증언하듯, 율법 학자들이나 바리사이들과 신학적 논쟁을 벌이실 때 예수님께서는 부분적으로 히브리어를 사용하셨을 것입니다.

그러나 농부들이나 어부들, 장인들 같은 평범한 유다인들에게 말씀하실 때에는 스승이신 예수님은 그들의 일상 언어였던 아람어를 사용하셨을 것입니다. 그렇다면 아람어는 어떤 언어였을까요? 구약 성경의 다니엘서 2-7장에서 사용된 4,828개 단어로 이루어진 '고전' 언어였을까요? 안타깝게도 그것을 정확히 파악할 수 있는 문헌 정보가 남아 있지 않아 막연한 추측만 가능합니다. 그러나 복음서들의 그리스어 행간에서 다뤄진 아람어를 엿볼 수 있습니다. 독일 학자 예레미아스Joachim Jeremias는 고유 명사와 형용사를 제외하면 복음서나 랍비 문헌에서 예수님이 사용하신 아람어 단어는 26개라고 밝혔습니다.

예수님께서 아버지 하느님을 부르신 칭호인 "아빠'abbà"(마르 14,36)를 떠올려 보십시오. 또는 "우리 빚을 없애 주시고"라고 기도하는 주님의 기도를 생각할 수도 있습니다. 여기서 '빚'은 그리스어와 히브리어가 아닌 오직 아람어(hoba')로 썼을 때만 '죄'도 의미합니다. 야이로의 딸에게 "소녀야, 일어나라talita' kum[탈리타 쿰]!"(마르 5,31 참조)라고 하신 말씀이나, 귀머거리에게 "열려라effata'[에파

타]!"(마르 7,34)라고 하신 명령, 그리고 십자가에 달리신 그리스도께서 아람어로 시편 22편을 인용해 "저의 하느님, 저의 하느님, 어찌하여 저를 버리셨습니까Eloì, Eloì, lemà sabachtàni[엘로이 엘로이 레마 사박타니]?"(마르 15,34)라고 하신 유명한 장면도 생각해 볼 수 있습니다. 예레미아스는 예수님께서 공식 아람어의 갈릴래아 사투리를 사용하셨을 것이라 주장했습니다. 베드로 사도가 주님을 모른다고 부정할 때도, 그 자리에 있던 사람들은 "당신도 그들과 한패임이 틀림없소. 당신의 말씨를 들으니 분명하오."(마태 26,73)라고 베드로를 추궁했습니다.

결론적으로 예수님께서는 그리스어와 히브리어를 일정 수준 알고 계셨고, 청중에게는 아람어로 말씀하셨을 것입니다. 그러나 그 아람어는 오늘날 정확히 알 수 없으며, 이미 오랜 시간이 지난 탓에, 오늘날 불행하게도 지금은 전쟁으로 폐허가 된 시리아 남부의 말룰라Malula 같은 몇몇 지역에서 구사되는 아람어와 유사하다는 가설이 자유롭게 제기되는 상황입니다. 마이어 교수는 다음과 같이 주장했습니다. "네 가지 언어를 사용하는 지역에서 예수님은 사실상 두 가지 언어를 구사한 유다인이셨을 것이다. 하지만 세 가지 언어를 자유롭게 구사하지는 못하셨을 것이다." 더 현실적으로 말하자면, 예수님께서는 오늘날 우리가 만족스럽게 재구성할 수 없는 아람어로 말씀하셨습니다.

예수님은 읽고 쓸 줄 아셨는가?

고대 근동에서는 생생하고 활발한 기억에 의존한 구전 문화가 중요했습니다. 이 물음에 대답하기 위해서는 복음서의 세 단락을 검토할 필요가 있습니다. 먼저 요한 복음서에는 예루살렘 유다인들이 예수님을 관찰한 기록이 있습니다. "저 사람은 배우지도 않았는데 어떻게 성경을 잘 알까?"(요한 7,15). "성경을 알다grámmata óiden."라는 그리스어 문장은 단순히 '읽을 줄 알다'라는 의미일 수도 있습니다. 그러나 유다인들이 예수님을 고발하는 것은 예수님께서 랍비나 스승들이 운영하는 학교에 다니지 않았으면서 공개적으로 사람들을 가르치는 것에 대한 고발이며, 유다인들의 질문은 성경에 대한 지식을 향합니다. 따라서 이 질문 속 유다인들의 진술은 예수님께서 놀랄 만한 수준의 신학적 소양cultura teologica을 갖추셨다는 의미일 수 있습니다.

예수님께서 읽을 줄 아셨다는 기록은 루카 복음서에서 명확히 드러납니다(4,16-30 참조). "(예수님께서) 성경을 봉독하려고 일어서시자, 이사야 예언자의 두루마리가 그분께 건네졌다. 그분께서는 두루마리를 펴시고 이러한 말씀이 기록된 부분을 찾으셨다. "주님께서 나에게 기름을 부어 주시니 주님의 영이 내 위에 내리셨다.""(루카 4,16-18). 예수님께서는 예언서 봉독을 마치시고 시중드는 이에게 두루마리를 말아 돌려주신 후 '설교'를 시작하셨습니다. 그러므로 그리스도는 읽을 줄 아셨습니다. 쓰는 것은 어떠셨을까요? 당시는 읽기와 쓰기가 반드시 연결될 필요는 없었습니다. 회당의 학교에서 진행된 학습은 주로 뛰어난 기억, 특히 셈족의 생생한 기억에 의존하는 '구전'으로 진행됐기 때문입니다. 그러나 읽을 줄 아셨다면 자연스레 쓰실 줄도 아셨으리라 추측할 수는 있습니다.

막연하게나마 예수님의 쓰기 능력에 대한 유일한 암시는 요한 복음서에 등장합니다. 간음한 여자와 고소인들 앞에서 예수님은 "몸을 굽히시어 손가락으로 땅에 무엇인가 쓰기 시작하셨습니다."(요한 8,6). 예수님께서 쓰신 것이 무엇인지에 대한 가설이 무성해졌습니다. 혹자는 "이스라엘의 희망이신 주님, 당신을 저버린 자는 누구나 수치를 당하고 당신에게서 돌아선 자는 땅에 새겨지리이다."(예레 17,13)라고 한 예레미야 예언서를 적었다고 주장했습니다. 또는 "악인과 손잡고 거짓 증인이 되어서는 안 된다."(탈출 23,1)라고 한 탈출기의 규정을 떠올린 사람도 있었습니다. 또 다른 사람들은 "너희 가운데 죄 없는 자가 먼저 저 여자에게 돌을 던져라."(요한 8,7)라고 하신 말씀을 미리 적은 것이라고 주장했습니다.

그러나 예수님께서 깊게 생각하신 것이 아니라 그저 땅에 선을 그리셨거나 문자를 적으셨다는 것이 더욱 그럴듯한 해석일 수 있습니다. 마치 우리가 다른 사람의 말을 들으면서도 관심을 두지 않고 일정한 거리를 유지하면서 무언가를 낙서할 때처럼 말입니다.

예수님의 쓰기 능력에 대해서는 역사적 관점에서 상당한 가능성이 있기는 하지만, 이 책에서 명확한 직접 증거를 제시할 수는 없을 것입니다.

이제부터 성경 언어의 지식에 관한 흥미로운 모험을 시작하고자 합니다. '흥미 있는curioso'이라는 형용사의 어원은 라틴어 'cura'로, 이 단어에는 '수고, 관심, 돌봄, 근심, 걱정' 등의 뜻이 담겨 있습니다. 우리가 흔히 말하듯, 이는 '돌봄', 곧 '관심을 가지고 보살피는 마음'을 의미합니다. 신앙은 단순한 공부나 지식의 습득을 넘어, 때로는 고단하기까지 한 '앎의 여정'을 포함합니다. 앞에서도 이미 언급했듯이, 히브리어 성경과 그리스어 성경을 라틴어로 옮긴 위대한 번역가 예로니모 성인은 이렇게 고백했습니다. "나는 자주 절망했고 여러 차례 포기했지만, 결국 배우겠다는 끈질긴 결심을 하고 다시 시작했다."

'성경의 내용'을 그토록 끊임없이 연구했던 그는 마지막으로 호소합니다. "거룩하시고 성경을 읽으셨으며, 예언자들을 알고 계셨고 … 구유에 누워 울고 있는 갓난아이, 자기 아들을 보셨지만, 그분이 하느님의 아들이심을 아셨고, 자신이 읽고 들었던 예언자들의 말씀과 비교해 보셨던 마리아를 본받아 거룩한 성경을 자주 읽으시오. 그 거룩한 책을 절대로 손에서 내려놓지 마시오."

구약

구약 성경	약칭	원표기	구약 성경	약칭	원표기
오경	창세	창세기	시서와 지혜서	잠언	잠언
	탈출	탈출기		코헬	코헬렛
	레위	레위기		아가	아가
	민수	민수기		지혜	지혜서
	신명	신명기		집회	집회서(시라)
역사서	여호	여호수아기	예언서	이사	이사야서
	판관	판관기		예레	예레미야서
	룻	룻기		애가	애가
	1사무	사무엘기 상권		바룩	바룩서
	2사무	사무엘기 하권		에제	에제키엘서
	1열왕	열왕기 상권		다니	다니엘서
	2열왕	열왕기 하권		호세	호세아서
	1역대	역대기 상권		요엘	요엘서
	2역대	역대기 하권		아모	아모스서
	에즈	에즈라기		오바	오바드야서
	느헤	느헤미야기		요나	요나서
	토빗	토빗기		미카	미카서
	유딧	유딧기		나훔	나훔서
	에스	에스테르기		하바	하바쿡서
	1마카	마카베오기 상권		스바	스바니야서
	2마카	마카베오기 하권		하까	하까이서
시서와 지혜서	욥	욥기		즈카	즈카르야서
	시편	시편		말라	말라키서

신약

신약 성경	약칭	원표기	신약 성경	약칭	원표기
복음서	마태	마태오 복음서	서간	1티모	티모테오에게 보낸 첫째 서간
	마르	마르코 복음서		2티모	티모테오에게 보낸 둘째 서간
	루카	루카 복음서		티토	티토에게 보낸 서간
	요한	요한 복음서		필레	필레몬에게 보낸 서간
사도행전	사도	사도행전		히브	히브리인들에게 보낸 서간
서간	로마	로마 신자들에게 보낸 서간		야고	야고보 서간
	1코린	코린토 신자들에게 보낸 첫째 서간		1베드	베드로의 첫째 서간
	2코린	코린토 신자들에게 보낸 둘째 서간		2베드	베드로의 둘째 서간
	갈라	갈라티아 신자들에게 보낸 서간		1요한	요한의 첫째 서간
	에페	에페소 신자들에게 보낸 서간		2요한	요한의 둘째 서간
	필리	필리피 신자들에게 보낸 서간		3요한	요한의 셋째 서간
	콜로	콜로새 신자들에게 보낸 서간		유다	유다 서간
	1테살	테살로니카 신자들에게 보낸 첫째 서간	묵시록	묵시	요한 묵시록
	2테살	테살로니카 신자들에게 보낸 둘째 서간			

차 례

【일러두기】

'유대교', '유대인' 등의 표기는 성경 전통에 더 충실하기 위해
'유다교', '유다인' 등으로 표기했습니다.

ἀγάπη
agápe

통계 자료는 때로 상징적 가치를 지닙니다. 신약 성경에서 '사랑'을 가리키는 그리스어 용어 agápe[아가페]의 어근은 명사로 116회, 동사로 143회, 형용사로는 61회, 모두 합쳐 320회 등장합니다. 따라서 우리는 하나의 근본적인 '이상적 범주' 앞에 서 있는 셈입니다. 흔히 생각하는 것과 달리, 이 사랑은 이미 구약 성경에 그 실제 뿌리를 두고 있습니다. 예수님께서는 '모든 계명 가운데 첫째가는 계명'이 무엇인지 묻는 율법 학자에게 대답하시면서, 구약 성경의 두 본문을 상기시키십니다. "주 너희 하느님을 사랑해야 한다. … 네 이웃을 너 자신처럼 사랑해야 한다."(마르 12,29-31; 신명 6,4-5; 레위 19,18).

그러므로 모세의 목소리와 그리스도의 목소리는 한 음조로 울리며, 바오로 사도 역시 같은 주장으로 함께합니다(로마 13,9-10 참조). 이러한 하느님 사랑과 인간 사랑을 더 적절하게 반영한 히브리어 용어는 ḥèsed자애입니다. 이 용어는 사랑의 계약으로 연결된 두 사람 사이에 흐르는 감정과 책임의 다양한 범위를 표현합니다. 지혜서에 따르면 하느님께서는 "존재하는 모든 것을 사랑하시며 생명을 사랑하시는 주님"(지혜 11,24.26)이십니다. 그분의 사랑은 사랑의 계시입니다. 주님께서는 이스라엘 백성에게 "나는 너를 영원한 사랑으로 사랑하였다. 그리하여 너에게 한결같이 자애ḥèsed를 베풀었다."(예레 31,3)라고 말씀하셨습니다. 그분의 자애는 충실한 사랑입니다.

그리스도교는 이 첫 계약의 메시지를 이어받아, "하느님은 사랑이십니다."(1요한 4,16)와 "사랑의 하느님"(2코린 13,11 참조)이라는 뛰어난 정의를 내렸고, 이를 기치로 삼았습니다. 그리스도의 사명 자체가 "하느님께서는 세상을 너무나 사랑하신 나머지 외아들을 내주셨다."(요한 3,16)는 사실을 계시하는 것이었습니다. 사실 그분은 "두루 다니시며 좋은 일을 하시고 악마에게 짓눌리는 이들을 모두 고쳐 주셨습니다."(사도 10,38). 진실한 사랑의 표지인 정의를 외면하지 않으시는 하느님의 이 사랑에, 우리의 사랑도 일치해야 합니다. "하느님께서 우리를 이렇게 사랑하셨으니 우리도 서로 사랑해야 합니다. … 우리가 서로 사랑하면, 하느님께서 우리 안에 머무르시고 그분 사랑이 우리에게서 완성됩니다."(1요한 4,11-12).

앞에서 인용한 예수님께서 율법 학자에게 하신 말씀처럼, 이 사랑은 두 가지 차원을 지니고 있습니다. 무엇보다 먼저, 사랑은 하느님의 말씀과 율법을 받아들이면서 아버지 하느님을 향해 있어야 합니다. "저는 당신을 사랑합니다, 주님, 저의 힘이시여."(시편 18,2)라고 한 시편의 말씀은 유다인과 그리스도인 모두에게 공통된 사랑의 고백이라 할 수 있습니다. 또한 아가서나 호세아 예언서의 이야기(1-3장)는 친밀하면서도, 시련과 배신의 시간도 경험하곤 하는 사랑의 상징적인 비유를 담고 있습니다.

더 나아가 사랑은 형제자매에게 투사되어야 합니다. "우리가 그분에게서 받은 계명은 이것입니다. 하느님을 사랑하는 사람은 자기 형제도 사랑해야 한다는 것입니다."(1요한 4,21). 그리스도께서는 이 구약 성경 규정을 극한까지 밀고 나가시어, 원수를 용서하고 자기 자신을 내어 주는 사랑이라는 지고의 정점에까지 이르게 하셨습니다. "친구들을 위하여 목숨을 내놓는 것보다 더 큰 사랑은 없다."(요한 15,13). 특히 꼴찌들과 가난한 이들과 고통받는 이들을 향한 관대함은 역사의 마지막에 인간을 향한 하느님 심판의 결정적 논제가 될 것입니다. 그리스도께서 이렇게 말씀하실 것이기 때문입니다. "너희가 내 형제들인 이 가장 작은 이들 가운데 한 사람에게 해 준 것이 바로 나에게 해 준 것이다."(마태 25,40).

『예수님 제자들이 사용한 그리스어 낱말』을 시작하는 단어는 신약 성경의 전형적인 어휘 agápe였습니다. 그리스 고전에서는 éros를 선호하였습니다. 이탈리아어로 '사랑'이라는 의미인 amore에 관한 이야기로 agápe에 대한 이야기를 마무리하고자 합니다. amore는 '사랑하다'와 '원하다'라는 의미의 인도-유럽어족 어근 kam에서 유래했습니다. '나는 너를 사랑한다ti amo.'를 산스크리트어로는 kamami, 페르시아어로는 hamana라고 합니다. 라틴어에는 amo 외에도 diligo라는 말이 있는데, 이는 '나는 너를 선택한다.'라는 뜻입니다. 그 기본적 의미부터 시사하는 바가 큽니다.

ἅγιος
hágios

신약 성경에 다양한 변형 형태로 233회 등장하는 그리스어 형용사 hágios[하기오스]는 성인들의 삶을 다룬 글을 가리키는 이탈리아어 agiografia성인전에도 영향을 미쳤습니다. 이 그리스어 단어는 흔히 사용되면서도 엄밀한 의미에서 동의어는 아닌 두 개의 어휘, '거룩한santo'과 '신성한sacro'의 의미가 교차합니다. 이 그리스어 용어(히브리어 qadôsh[카도쉬]와 같은 의미)의 단일성을 입증하는 연결도 존재한다는 사실을 염두에 두고서 두 단어의 차이점을 정의하고자 합니다.

'신성함sacro'은 하느님께 드리는 예배에 헌정된 '객관적 실재realtà oggettiva'를 가리킵니다. 성전의 공간이나 전례를 집전하는 사제, 기물들과 음식, 전례 거행을 위한 희생 동물들이 이에 해당합니다. 이와 달리 '거룩함santo'은 올바른 실존적 삶을 통해 믿음과 사랑으로 하느님께 충실함으로써 얻을 수 있는 '개인적 품성qualità personale'입니다. 이것은 한 사람의 내면에서 그의 자유와 의지, 행위를 표시하는 차원입니다. 예언자들은 물론 그리스도께서도 예식의 객관적 '신성함'과 신앙인의 주관적, 내면적 '거룩함'의 분리를 막기 위해 분투하셨습니다.

예수님의 모습은 바로 이 두 측면을 통해 드러납니다. 예수님께서는 참으로 '신성한sacro 분', 곧 성령의 작용으로 성별된consacrato 분이십니다. 그분은 나자렛 회당에서 이사야 예언자의 예언을 당신 자신에게 적용하시면서 몸소 이렇게 선포하셨습니다. "주님께서 나에게 기름을 부어 주시니 주님의 영이 내 위에 내리셨다."(루카 4,18). 그러나 동시에 그분은 정의와 사랑을 가리키는 '거룩함santità'의 사절이십니다. "주님께서 나를 보내시어 가난한 이들에게 기쁜 소식을 전하고 잡혀간 이들에게 해방을 선포하며 눈먼 이들을 다시 보게 하고 억압받는 이들을 해방시켜 내보내며 주님의 은혜로운 해를 선포하게 하셨다."(루카 4,18-19). '거룩함santità'과 '신성함sacralità', 이 두 얼굴은 천사가 마리아에게 예고할 때부터 이미 존재했습니다. "성령께서 너에게 내려오시고 지극히 높으신 분의 힘이 너를 덮을 것이다. 그러므로 태어날 아기는 거룩하신santo 분, 하느님의 아드님이라고 불릴 것이다."(루카 1,35).

우리가 '주님의 기도'를 바치면서 "아버지의 이름이 거룩히 빛나시며(동사 hagiázô에서 파생)"라고 기도할 때, 우리는 하느님께 당신 위격의 '신성한sacro' 신비를 드러내 주시기를 청할 뿐 아니라, 그분의 말씀이 신자들의 도덕적 규범이 되어 이 세상에서 우리 삶을 거룩하게 해 주시기santificare를 또한 청하는 것입니다. "아버지의 뜻이 하늘에서와 같이 땅에서도 이루어지소서!"

종합하자면, 그리스도를 가리켜 '지극히 거룩하신 분'이라고 규정하는 몇몇 표현들은 항상 '거룩함santo'과 '신성함sacro'의 얽힘 속에서 이해되어야 합니다. 카파르나움에서 베드로가 "스승님께서 하느님의 거룩하신hágios 분이라고 저희는 믿어 왔고 또 그렇게 알고 있습니다."(요한 6,69)라고 신앙을 고백했을 때처럼 말입니다.

사실 신약 성경에서 반복해서 명명하는 hágioi[하기오이], 곧 '거룩한 사람들'은 그리스도인들에게도 해당됩니다. 그리스도인들은 세례 성사에서 성별되었기 때문입니다. 그래서 그들은 "살아 있는 돌로서 영적 집을 짓는 데에 쓰이고, 하느님 마음에 드는 영적 제물을 예수 그리스도를 통하여 바치는 거룩한 사제단"(1베드 2,5 참조)이 되는 것입니다.

그러나 바오로 사도의 서간 중 도덕적 권면을 다루는 단락에서도 드러나듯이, 그리스도인들은 올바른 삶과 하느님과 그리스도의 말씀에 대한 순명을 통해 거룩해집니다. 그러므로 교회는 주님께 성별된 공동체이지만, 사랑 안에서 거룩해진 공동체이기도 합니다. 바오로 사도는 신약 성경에 10회 등장하는 파생 명사 hagiasmós[하기아스모스], '성화'를 사용해 로마의 그리스도인에게 제안합니다. "여러분이 전에 자기 지체를 더러움과 불법에 종으로 넘겨 불법에 빠져 있었듯이, 이제는 자기 지체를 의로움에 종으로 바쳐 성화에 이르십시오."(로마 6,19).

ἀδελφός
adelphós

1226년 10월 3일 저녁, 프란치스코 성인이 아시시에서 선종했습니다. 단테는 『신곡』의 「천국 편」 제11곡에서 토마스 아퀴나스 성인의 입을 빌려 프란치스코 성인을 찬미합니다. 성인의 이름을 딴 프란치스코 교황은 「모든 형제들Fratelli tutti」(2020년)이라고 제목을 정한 회칙을 그리스도교와 전 세계의 형제애에 헌정했습니다. 여기에 사용된 단어 '형제'의 그리스어는 신약 성경에 343회 등장하는 adelphós[아델포스]입니다. 1946년 살티니(Zeno Saltini, 1900-1981년) 신부가 자신의 공동체 명칭을 'Nomadelfia[노마델피아]'로 정했던 것을 기억하는 이들이 있을 것입니다. Nomadelfia는 그리스어로 형제애adelphía가 법nómos인 공동체라는 의미입니다. 신약 성경에는 '누이adelphê'도 26회 등장합니다.

adelphós/adelphê가 친형제자매를 표현하는 경우는 문제가 없습니다. 복잡한 것은 나자렛 사람들이 의아해하며 "저 사람은 목수로서 마리아의 아들이며, 야고보, 요세, 유다, 시몬과 형제간이 아닌가? 그의 누이들도 우리와 함께 여기에 살고 있지 않는가?"(마르 6,3)라고 말한 '예수님의 형제자매'의 경우입니다. 셈족의 언어에서 이 용어들은 사실상 다양한 친족 관계를 가리켰습니다. 따라서 예수님의 이 '형제들과 누이들'의 친족 관계를 역사적으로 확인하는 것은 불가능합니다.

후대 그리스도교 전승은 예수님의 형제자매들을 단순한 '사촌' 정도로 이해하여, 이를 통해 마리아의 동정성을 재확인했습니다. 아마도 그 표현은 예수님의 친족을 일반적으로 가리키면서 구체적인 연관성은 명시하지 않았을 것입니다. 아무튼 예수님의 형제자매들은 원시 교회 안에서 어느 정도 영향력을 지닌 집단이었던 듯합니다. 그 대표적 사례가 바로 "주님의 형제 야고보"(갈라 1,19)인데, 그는 사도행전에서 예루살렘 교회의 수장으로 알려져 있으며(참조: 사도 12,17; 15,13; 21,18), 그의 이름으로 된 서간도 존재합니다.

그러나 adelphós라는 단어의 주된 의미는 신약 성경에서 더욱 영성적이고 교회적 성격을 지닙니다. 예수님께서는 말씀을 들으며 당신 주위에 앉은 사람들을 둘러보시며 이르셨습니다. "이들이 내 어머니고 내 형제들이다. 하느님의 뜻을 실행하는 사람이 바로 내 형제요 누이요 어머니다."(마르 3,34-35). 그래서 심판자이신 그리스도 자신이 굶주린 사람들, 목마른 사람들, 이방인들, 헐벗은 사람들, 병자들과 감옥에 갇힌 사람들을 주저하지 않고 "내 형제들인 이 가장 작은 이들"(마태 25,40)이라고 부르십니다. 또한 베드로 사도의 사명은 믿음 안에서 "형제들의 힘을 북돋아 주는"(루카 22,32) 것이었습니다.

그러나 무엇보다도 바오로 사도는 자신의 일곱 개의 주요 서간에서 "형제들"이라는 호칭을 무려 113회나 사용하면서, 그리스도 안에서의 형제애가 지닌 다양한 차원들을 드높입니다. 물론 그는 유다인들이 '혈육에 따른 형제들'(로마 9,3 참조), 곧 민족적 · 국가적 소속으로서의 형제들임을 상기시키며, 또 여러 차례 일반적 의미에서 이 호칭을 이웃들에게도 사용합니다. 그러나 본질적인 것은, 그가 자신의 서간을 받는 여러 교회의 신자들을 '하느님 또는 주님께 사랑받는 형제들'이라고 부르는 점입니다. 이러한 교회의 형제적 연대의 뿌리에는 명백히 "많은 형제 가운데 맏이"(로마 8,29)이신 그리스도께서 계십니다.

이 시점에서 그리스도의 사랑을 노래하는 요한 복음사가에게 결론의 말을 맡기는 것은 자연스러운 일입니다. 요한은 예수님의 최후 만찬 담화에서도, 첫째 서간에서도 믿는 이들을 그리스도 안에 일치시키는 이 형제애를 여러 차례 찬양합니다. 그의 글에서 울려 퍼지는 그 음성의 메아리를 몇 구절만 들어 보겠습니다. "자기 형제를 사랑하는 사람은 빛 속에 머무르고 … 그러나 자기 형제를 미워하는 자는 어둠 속에 있습니다. … 자기 형제를 미워하는 자는 모두 살인자입니다. … [그리스도처럼] 우리도 형제들을 위하여 목숨을 내놓아야 합니다. … 눈에 보이는 자기 형제를 사랑하지 않는 사람이 보이지 않는 하느님을 사랑할 수는 없습니다. 우리가 그분에게서 받은 계명은 이것입니다. 하느님을 사랑하는 사람은 자기 형제도 사랑해야 한다는 것입니다."(1요한 2,10-11; 3,15-16; 4,20-21).

AKOLOUTHÊÔ 아콜루테오
따르다

ἀκολουθέω

akolouthêô

잘 알려져 있는 전례 용어인 '시종accolito'은 전례를 거행할 때 봉사하는 사람을 가리킵니다. 그 어원에는 그리스어 동사 하나가 자리 잡고 있는데, 사실 조금 어려운 단어입니다. 이 단어는 akolouthéô[아콜루테오]로, 신약 성경에 90회 나타나며, 그 의미는 '따르다'입니다. 여기서는 신약 성경의 핵심 원어 가운데 하나로 선별한 이 단어를 소개하고자 합니다.

이 단어의 종교적 의미를 설명하기 위해서는 예수님의 공생활 초기에 등장하는 매우 시사적인 복음서의 서술을 살펴봐야 합니다. 티베리아 호수를 배경으로 하는 이 장면은 여러 면에서 상징적입니다.

그리스도께서 호숫가를 지나가시다가 고된 작업에 몰두하던 어부들에게 말을 걸고, 호숫가 사람들의 직업을 "사람을 낚는 어부"라는 새로운 사명으로 바꾸십니다. 이 표현은 구약 성경에서는 드물게 나오는 독창적 표현입니다. 하바쿡 예언자가 "사람을 바다의 물고기처럼 만드시고 … 그는 사람들을 모두 낚시로 낚아 올리고 그물로 끌어 올리며 좽이로 모으고 나서는 기뻐 날뛰며"(하바 1,14-15)라는 표현으로 하느님을 위대한 어부로 묘사했을 뿐입니다.

"사람 낚는 어부"라는 새로운 직업이자 사명은 그들에게도 하나의 전환점이 되었습니다. "그러자 그들은 곧바로 그물을 버리고 예수님을 따랐다."(마태 4,20). 바로 여기에 사용된 '따르다'라는 동사가 그리스도의 제자를 정의하는 핵심 의미를 갖게 됩니다.

그리스도의 제자는 세상의 길 위에서만이 아니라, 자기 자신의 실존과 자기 자신을 내어놓는 데까지 이르는 근원적인 의미의 '따름sequela'에서도 자기의 주님이자 스승을 '따르는' 사람입니다. 구약 성경은 이미 이 주제를 두 가지 상반된 줄기로 다루고 있습니다.

한편에는 우상 숭배로 구체화되는 어둡고 악한 따름이 있습니다. 그것은 성경에서도 자주 언급되듯 "이민족의 신들"이나 "헛되고 무익한 존재들" 또는 "애인들"을 따르는 것이며, 표현의 다양한 변화는 다른 종교적 선택에 붙들리는 그 내면의 깊고 복합적인 차원을 드러냅니다. 그 외에도 "저마다 제 악한 마음에서 나오는 생각대로"(바룩 1,22), 다시 말해 일련의 부도덕하고 규범에서 벗어난 선택을 하며 사는 것입니다.

반면에 주님과 그분의 율법과 정의, 삶과 진리를 따르는 밝은 따름도 있었습니다. 이것들은 서로 다른 표현들이지만, 계속해서 공감을 불러일으키고 평화와 평온을 가져다주는 삶의 선택을 보여 줍니다. 예레미야 예언자는 다음과 같은 달콤한 독백을 하느님의 입에 담아 표현합니다. ""네 젊은 시절의 순정과 신부 시절의 사랑을 내가 기억한다. 너는 광야에서, 씨 뿌리지 못하는 땅에서 나를 따랐다." 이스라엘은 주님께 성별된 그분 수확의 만물이었다. 그를 삼키는 자들은 누구나 벌을 받아 그들에게 재앙이 닥쳤다."(예레 2,2-3).

이렇게 해서 우리는 출발점이 되었던 그 장면으로 다시 들어가게 됩니다. 그 장면은 물론 형식도 인물도 달라진 채 다른 복음서 페이지들에서 거듭 변주되어 나타날 것입니다. 예수님을 '따르는' 이들은 다른 제자들이기도 하고, 치유를 받은 병자들이기도 하며, 어떤 경우에는 몇몇 여성들이고, 때로는 군중일 수도 있습니다. 이러한 따름은 항상 스승의 말씀에 동의하고 따르는 것을 의미합니다. 그것은 가족들과의 작별 인사나 심지어 장례까지 내버려두고 지체 없이 따르는 근본적이고 헌신적인 선택입니다. 이 주제를 다루는 루카 복음서 9장 57-62절의 짤막한 세 장면을 읽어 보십시오.

결국 예수님께 부르심을 받은 이들은 “보시다시피 저희는 모든 것을 버리고 스승님을 따랐습니다.”(마르 10,28)라고 고백할 수 있게 됩니다.

그렇지만 예수님께서는 여기서 더욱 결정적이고도 전적인 요구를 하십니다. 마태오 복음사가는 이를 강력한 문장으로 다음과 같이 표현했습니다. “제 십자가를 지고 나를 따르지 않는 사람도 나에게 합당하지 않다.”(마태 10,38). 그러면서 제자들에게도 ‘골고타’, 곧 순교의 험한 비탈길을 걸어가도록 제안하십니다.

이와 달리 루카 복음사가는 같은 말씀을 이렇게 전합니다. “누구든지 내 뒤를 따라오려면, 자신을 버리고 날마다 제 십자가를 지고 나를 따라야 한다.”(루카 9,23). 곧 매일의 지속성 안에서 매우 엄격한 따름을 제안하는 것입니다. 그러나 우리는 바오로 사도가 우리에게 상기시켜 주었듯이, “이 법칙을 따르는 모든 이들에게, 그리고 하느님의 백성 이스라엘에게 평화와 자비가”(갈라 6,16) 내린다는 것을 알고 있습니다.

ἀκούω

akoúô

"Shema' Jisra'el"([셰마 이스라엘], "들어라, 이스라엘아!"). 신명기의 한 단락(6,4-9)을 시작하는 이 말은 언제나 유다인들이 가장 소중히 여겼던 일상 기도 중 하나이며, 주님을 향한 믿음과 사랑의 강렬한 고백을 담고 있습니다. 예수님께서도 "모든 계명 가운데에서 첫째가는 계명"을 규정하실 때, "들어라!"라는 강한 호소로 시작하는 이 본문을 언급하셨습니다(마르 12,28-34 참조). 만약 말씀이 하느님 계시의 길을 가장 잘 보여 주는 것이라면, 믿음은 주의 깊은 경청과 참여와 연결되어 있습니다. 바오로 사도 역시 "자기가 들은 적이 없는 분을 어떻게 믿을 수 있겠습니까?"(로마 10,14)라고 말했습니다.

예수님께서도 하느님의 말씀을 경청해야 하는 필요성을 직접 여러 차례 강조하셨습니다. "하느님에게서 난 이는 하느님의 말씀을 듣는다. 그러므로 너희가 그 말씀을 듣지 않는 것은, 너희가 하느님에게서 나지 않았기 때문이다. … 하느님의 말씀을 듣고 지키는 이들이 오히려 행복하다."(요한 8,47; 루카 11,28). 그리스어 동사 akoúô([아쿠오], 듣다)가 드러내는 이런 종류의 성경 인용은 셀 수 없이 많습니다. 신약 성경에 428회나 등장하는 이 동사는 문맥 자체가 보여 주듯이 단순히 '귀로 듣는 행위'를 훨씬 넘어섭니다. 그것은 '따름, 사랑으로 받아들임, 헌신'을 뜻합니다. Akoê([아코에], 들음)가 '순종'을 의미하는 단어 hypakoê[휘파코에]를 구성하는 데 사용되었다는 것은 결코 우연이 아닙니다. hypakoê는 바오로 사도가 소중히 여겼던 어휘였습니다. 그는 로마 신자들에게 보낸 서간에서 "믿음의 순종"(1,5)과 같은 표현으로 이 어휘를 열다섯 번이나 사용했습니다.

어느 성서학자는 이에 관해 이런 글을 남겼습니다. "하느님 말씀을 듣는 것은 회개, 곧 하느님 말씀의 계명들에 따라 우리 삶을 살아가겠다는 헌신을 의미합니다. 단순히 하나의 지식을 얻기 위해 주의를 기울이는 것이 아닌, 마음을 열고 순종하는 것입니다." 전통 신학에서 사용하는 '전문적' 용어로 말하자면, '듣는' 행위의 대상은 'fides quae'(고백으로서의 신앙), 곧 하느님께서 우리에게 계시해 주신 신앙의 내용입니다. 그러나 종교적 경청의 전체적 태도는

'fides qua'(태도로서의 신앙), 곧 그 말씀을 받아들이는 신뢰, 그 말씀에 대한 삶의 선택입니다. 실제로 성경의 동사 '듣다'는 '이해하다', '순종하다' 또는 실천에 옮기기 위해 삶의 제안을 '받아들이다'와 동의어입니다.

종의 귀를 송곳으로 뚫는다고 표현한 탈출기의 흥미로운 기록(21,6 참조)도 주인에 대한 들음과 순종의 의무를 효과적으로 각인시키기 위한 것입니다. 시편 40편에서 기도자는 하느님께 완전한 봉헌을 고백하면서, 외적인 제물을 바치는 것이 아니라 자기의 전 존재를 봉헌한다고 말합니다. 주님께서 그의 귀를 그에게서 "파내셨기" 때문입니다. 이는 주님께서 그를 영원히 당신의 것으로 삼으셨다는 의미입니다. "당신께서는 희생과 제물을 기꺼워하지 않으시고 오히려 저의 귀를 열어 주셨습니다."(시편 40,7). 히브리인들에게 보낸 서간은 이 단락을 그리스도께 적용합니다. "그리스도께서는 많은 번제물과 속죄 제물을 치우시고, 아버지께 순종하시어 당신 자신을 바쳐 완전한 희생 제물이 되셨다."(히브 10,5-10 참조).

그러므로 성경의 '들음'은 사랑으로 변화되는 순종의 표현이 됩니다. 예수님께서 '참행복 선언'에서 말씀하신 것처럼, 들음에는 반드시 '지킴', '준수', '실천'이 뒤따라야 합니다. "하느님의 말씀을 듣고 지키는 이들이 오히려 행복하다."(루카 11,28; 8,21 참조). 그분은 씨 뿌리는 사람의 비유에서도 "좋은 땅에 떨어진 것은, 바르고 착한 마음으로 말씀을 듣고 간직하여 인내로써 열매를 맺는 사람들이다."(루카 8,15)라고 하십니다. 이와 유사하게, 산상 설교를 마무리하는 '쌍둥이 비유'에서 예수님께서 묘사하신 집 짓는 두 사람의 이야기는 들음의 차이를 명확히 드러냅니다. "그러므로 나의 이 말을 듣고 실행하는 이는 모두 자기 집을 반석 위에 지은 슬기로운 사람과 같을 것이다. … 그러나 나의 이 말을 듣고 실행하지 않는 자는 모두 자기 집을 모래 위에 지은 어리석은 사람과 같다."(마태 7,24-26).

ἀλήθεια
alétheia

이번에는 많은 이들의 입에 자주 오르내리는 '진리'라는 낱말을 다루어 보려 합니다. 러시아의 문호 안톤 체호프(A. Chekhov, 1860-1904년)는 "진리는 항상 승리한다고 말하지만, 이는 진리가 아니다."라고 풍자했습니다. 토마스 아퀴나스 성인은 진리란 "지성이 실재와 일치하는 것"이라 정의하면서, 인간이 알고 있는 진리의 객관성을 확립하고자 했습니다.

그러나 성경에서 진리에 대해 말할 때, 우리는 진리를 정의하기 위해 공통된 히브리어 낱말 'èmet[에메트]에서 출발해 또 다른 지평으로 나아갑니다. 'èmet는 '신뢰'와 '충실함'의 개념을 가리키기 때문입니다. 진리란 하느님께서 당신의 말씀과 권위로 보증하시는 바로 그것입니다.

신약 성경, 특히 alétheia[알레테이아]가 즐겨 사용된 네 번째 복음서의 경우에도 마찬가지입니다. '진리'를 의미하는 이 단어를 문자 그대로 직역하면 '감추어진 것을 들추어내다'라는 뜻입니다. 그러므로 진리는 드러난 실재, 곧 모든 사물 안에 깃든 깊은 존재의 발견입니다. 이러한 맥락을 따라 그리스의 철학적 성찰이 발전해 왔습니다. 그렇기 때문에 요한 복음서에서 예수님께서 당신이 진리라고 선언하신 말씀들과, 신약 성경에서 alétheia(109회 사용)가 등장하는 모든 경우를 '그리스적'이고, '형이상학적' 의미로 이해하려는 유혹을 받을 수 있습니다.

예를 들어, 유다인들의 초막절 축제 중에 '예수님을 믿었지만' 곧 그분에게서 멀어지게 될 유다인들과의 논쟁에서 예수님께서 말씀하신 유명한 문장을 떠올려 봅시다. "진리가 너희를 자유롭게 할 것이다."(요한 8,32). 또는 사마리아 여인에게 하셨던 유명한 선언도 되짚어 볼 수 있습니다. "진실한 예배자들이 영과 진리 안에서 아버지께 예배를 드릴 때가 온다."(요한 4,23). 많은 이들이 이와 같은 구절들을 고대 그리스 방식을 따라 '유심론적spiritualista' 또는 '주지주의적intellettualista'으로 해석했습니다. 그러나 올바른 해석의 길은 이와는 달랐습니다.

사실 요한 복음사가는 alétheia를 쓸 때에도 위에서 설명한 성경적 토양을 끊임없이 되새기고 있습니다. 그리고 이 토양은 훨씬 덜 관념적이고 훨씬 더 실존적입니다. 여기서 가리키는 것은 무엇보다도 하느님의 사랑입니다. 그 사랑은 자신을 드러내시고, 당신의 심오한 신비, 말씀과 구원을 선물하십니다. 이것이 바로 성경이 가르치고자 하는 진리이며, 신앙인은 이를 이해하고 알아야 할 뿐 아니라, 무엇보다 삶으로 받아들여 실천해야 합니다. 성경의 언어에서 '알다'라는 동사도 단순히 지적인 이해가 아니라, 의지와 열정, 심지어 사랑의 성적 관계까지 가리킬 정도로 행위와 연결되어 있음은 결코 우연이 아닙니다.

이에 비추어 볼 때, 왜 "진리를 실천"(요한 3,21)한다고 말하는지 우리는 이해할 수 있습니다. 성경의 진리는 삶의 헌신이며, 하느님 뜻의 계시를 받아들이는 우리의 신앙적 응답을 표현하는 것이기 때문입니다. "진리의 영"도 "길이요 진리요 생명"(요한 14,6)이신 그리스도의 복음 말씀을 충만하게 받아들이게 하는 사명을 지닌 '성령'이십니다. 따라서 교회 안에서 이 '보호자Paraclito[파라클리토]'께서는 예수님의 계시를 이해하고 실천하게 하는 과제를 가지고 계십니다. "그분 곧 진리의 영께서 오시면 너희를 모든 진리 안으로 이끌어 주실 것이다. … 나에게서 받아 너희에게 알려 주실 것이기 때문이다."(요한 16,13-14). 예수님께서 아버지께로부터 우리에게 진리와 구원을 전해 주신 것처럼, 성령께서는 역사 안에서 그리스도의 구원 '진리'를 계속해서 퍼트리십니다.

alétheia, '진리'의 참된 의미를 밝혀 주는 요한의 첫째 서간의 아름다운 단락으로 결론을 맺고자 합니다. "자녀 여러분, 말과 혀로 사랑하지 말고 행동으로 진리 안에서 사랑합시다. 이로써 우리가 진리에 속해 있음을 알게 되고, 또 그분 앞에서 마음을 편히 가질 수 있을 것입니다."(1요한 3,18-19).

ἁμαρτία
hamartía

“하느님께서 인간을 만드셨고, 죄가 그 인간을 위조했다.” 프랑스 시인 폴 클로델(Paul Claudel, 1868-1955년)이 남긴 의미심장한 말입니다. 창세기의 첫 장면들이 가르쳐 주듯이, 하느님의 손에서 나온 피조물의 조화에 선물이자 위험이기도 했던 인간의 자유를 통해서 인간의 모든 관계를 타락시키는 왜곡이 들어오게 되었습니다. 이 때문에 성경의 히브리어에서 죄를 가리키는 단어들은 어원적으로 목표를 빗나감, 올바른 길에서 벗어남, 어리석은 반역을 뜻합니다. 신약 성경에서는 죄를 표현하는 기본적인 그리스어 단어로 hamartía[하마르티아]가 사용됩니다.

로마 신자들에게 보낸 서간에서만 48회, 성경 전반에서 173회 울려 퍼지는 이 어휘는, 동사 hamartánô([하마르타노], 죄짓다, 43회),

명사 hamartôlós([하마르톨로스], 죄인, 47회)와 같은 파생 어휘들로 이어집니다. 조반니 파피니(G. Papini, 1881-1956년)가 자신의 책 『악마Il diavolo』(1953년)에서 "죄의 문을 통해서도 하느님 나라에 들어갈 수 있다."라고 주장한 것은 옳은 말입니다. 아우구스티노 성인과 같은 많은 회심자들이 이를 증명합니다. 이 그리스어 낱말의 주된 의미는 히브리어 병행문과 마찬가지로 잘못이나 실수로 목적을 잃어버리는 것입니다. 우리가 '부족不足하다'라는 단어를 도덕적 잘못을 정의할 때 사용하는 것도 흥미롭습니다.

죄와 속량에 관한 더욱 광범위한 성찰은 바오로 사도에게서 볼 수 있습니다. 인간은 '육체sárx'(172쪽)에 뿌리를 내리고 있습니다. 바오로 사도에게 이 어휘는 성적인 '육체성'이라기보다 상처 입은 자유와 연결된 우리의 근본적인 '죄성'을 의미합니다. 이 부정적 추이는 상징적으로 인류 전체를 대표하는 아담에게서 이미 시작되었습니다.

스스로를 구원하고자 하는 유혹의 힘은 매우 강력합니다. 우리는 자신의 행위로 우리 안의 어두운 심연에서 스스로를 끌어올리기 위해 애를 씁니다. 마치 늪지에 빠진 사람이 팔을 들어 빠져나오려고 하는 것과 같습니다. 그러나 구원받기 위해서는 하느님께서 손을 내밀어 주시어 우리를 죄의 진흙탕 속에서 건져 주셔야 합니다. 스스로의 자유와 믿음으로 그 손을 붙잡아 죄악의 심연에서 빠져나오는 것은 우리의 몫입니다.

그리스도는 사람이 되심으로써 우리와 연대하십니다. 바오로 사도는 말합니다. "하느님께서는 죄를 모르시는 그리스도를 우리를 위하여 죄로 만드시어, 우리가 그리스도 안에서 하느님의 의로움이 되게 하셨습니다."(2코린 5,21). 그러므로 하느님의 무죄하고 거룩한 아드님이신 그리스도께서는 하느님의 '의로움'이 우리 안에서 승리할 수 있도록 우리의 죄를 짊어지셨습니다. 성경의 언어로 이는 '구원'을 의미합니다. 더 나아가 바오로 사도는 이 구절을 통해 죄를 가리키는 구약 성경 용어가 지닌 더 깊은 의미를 암시하고 있을 가능성이 있습니다. 사실 이 단어는 죄 자체뿐 아니라, 희생 제물과 속죄를 위한 희생도 함께 규정했었습니다.

그러므로 그리스도의 십자가 희생은 세상의 죄를 몸소 받아들인 연대의 행위이자, 죄를 지우는 지고한 희생과 속죄의 행위이기도 합니다. 바오로 사도는 이렇게 선포했습니다. "그리스도께서는 하느님 우리 아버지의 뜻에 따라 우리를 지금의 이 악한 세상에서 구해 내시려고, 우리 죄 때문에 당신 자신을 내어 주셨습니다."(갈라 1,4). 교회에 맡겨진 '죄 사함'의 성사(참조: 마태 16,19; 18,18; 요한 20,23)인 세례성사는 이러한 구원의 표현입니다. 즉, 죄인인 "옛 인간"은 돌아가신 그리스도와 함께 물의 무덤에 묻히지만, 새로운 피조물, 하느님의 양자로 그분과 함께 되살아나는 것입니다(로마 6,3-11 참조).

ἀποκάλυψις

apokálypsis

흥미로운 이야기로 시작하고자 합니다. 그리스 신화에서 아테네가 풀어 주기 전까지 오디세우스를 7년 동안 자신의 동굴에 가두었던 요정(님프)을 떠올려 봅시다. 이 치명적이면서 신화적인 여성의 이름은 '칼립소Kalypsô'였습니다. 그 이름의 배경에는 그리스어 동사 'kalyptô숨기다'가 있습니다. 신약 성경에 18회 사용된 낱말 apokálypsis[아포칼립시스] 역시, 동사 kalyptô에서 파생했지만, 전치사 apó가 더해져 동사의 의미가 반전되어 '감추다'라는 원래의 의미가 '계시하다'로 바뀌었습니다.

그러한 연유로 '묵시록Apocalisse'은 '계시rivelazione'를 의미합니다. 그러나 우리는 성경의 마지막 책인 요한 묵시록에 대한 설명이 아닌, 기원전 200년에서 기원후 200년 사이에 인기를 누렸던

문학 유형이자 유다교와 그리스도교 모두에게 영향을 미쳤던 '묵시 문학apocalittica'에 대하여 설명하고자 합니다. 인간과 우주에서 일어나는 일들의 최종 목표를 '공개svelamento'하고자 했던 묵시 문학은 역사상 다양한 시기에 산발적으로 '부흥revival'되었으며, 우리 시대에도 특히 개신교 계열의 몇몇 근본주의 운동을 통해 나타나고 있습니다.

이 복잡하고 때로는 불온하기까지 한 파급 효과를 지닌 묵시 문학의 현상은 두 가지로 규정할 수 있습니다. 무엇보다 묵시 문학의 역사관을 주목할 만합니다. 이는 본질적으로 이원론적이며, 이 역사관 안에서 선과 악은 지속적으로 투쟁하고 대립합니다. 묵시 문학에서 하느님은 당신의 천사들과 의인들, 선택하신 이들과 함께 사탄과 악마들, 악인들에 맞서십니다. 강력한 권력의 사악하고 타락한 역사적 현재가 초월적이고 구원적인 미래와 맞섭니다. 불의의 공간인 땅이 해방의 지고한 목표를 가진 하늘에 맞섭니다. 그러므로 묵시 문학에는 현재 역사의 거부와 '최종적인 것들', 전문적으로 '종말론escatologia' 또는 '최후의 것들novissimi'에 대한 열광적인 기다림이 존재합니다.

하느님 나라의 여명을 솟아나게 하는 역사적 세상의 진정한 종말, 일부 문헌에서는 메시아 왕국이 도래하고 천년 후로 특정하는 저 궁극적인 목표는 최후의 극단적이고 무시무시하며 피로 얼

룩진 투쟁으로 이루어집니다. 그것은 이 세상의 재앙적 괴멸을 의미하며, 그 잿더미에서 해방과 영광의 샘, 선과 정의의 왕국이 솟아나, 억압당하던 의인들을 번영과 승리로 이끌 것입니다. 바로 이러한 개념에서 '묵시 문학'의 파괴적이고 비극적인 통념이 생겨났습니다. 코폴라F. Coppola 감독의 1979년 작, 「지옥의 묵시록 Apocalypse Now」을 떠올려 보십시오.

그러므로 더욱 근본적인 묵시 문학 형태에는 역사에 대한 본질적인 불신과 초월적인 저 너머에 대한 심원한 희망이 존재합니다. 그러나 이는 강생에 대한 그리스도교 비전과의 단절을 뜻하기도 합니다. "하느님께서는 세상을 너무나 사랑하신 나머지 외아들을 내주시어 … 세상을 심판하시려는 것이 아니라 세상이 아들을 통하여 구원을 받게 하시려는 것"(요한 3,16-17)이기 때문입니다.

이와는 달리, 또 다른 관점인 문학적 차원의 묵시 문학을 제시하고자 합니다. 그것은 생생한 이미지, 광적인 상징들, 특수한 언어, 천사들에 의해 해석되는 신비한 계시와 환시에 바탕을 둔 독창적 문체로 표현됩니다. 성경에서는 특히 에제키엘 예언자의 상징적 행위들과 에제키엘서 40-48장, 환시가 등장하는 즈카르야서 1-6장을 이러한 묵시 문학의 갈래로 볼 수 있습니다.

구약 성경 가운데 묵시적 색채가 가장 뚜렷하게 드러나는 본문은 '다니엘서'이고, 신약 성경에서는 단연 '요한 묵시록'입니다. 요한 묵시록은 그 내용 자체 때문이 아니라, 차용한 언어 때문에 '묵시 문학적'이라고 할 수 있습니다. 요한 묵시록은 위기를 겪고 있는 그리스도인들에게, 세상의 '종말la fine'이 아니라 하느님의 계획에 따른 역사의 '목적il fine'을 바라보며, 역사 안에서 계속해서 행동하도록 믿음을 북돋아 주려는 의도로 저술되었습니다.

ἀπόστολος
apóstolos

apóstolos[아포스톨로스]는 그리스도교 환경에서 가장 많이 알려진 그리스어 단어들 중 하나입니다. 복음서에 매우 일관되게 등장하는 예수님의 모습에서 이 단어에 대한 설명을 출발하고자 합니다. 복음서에서 예수님은 한 무리의 제자들 가운데에 계신 분으로 묘사됩니다. 이는 유다교 전통의 스승인 랍비 또는 스승 엘리야와 제자 엘리사, 예레미야와 그의 비서 바룩 같은 옛 예언자들과 제자의 관계를 반영한 것입니다.

그러나 이 표상과 연결된 복음서들의 본문을 주의 깊게 검토해 보면, 제자들이라는 특별한 청중 내부에 어떤 구조가 존재함을 알 수 있습니다. 사실, 그리스도 주위에는 몰려든 군중들도 있었습니다. 그러나 더욱 광범위한 집단은 '제자들'이었습니다. 제자들, 즉 그리스어 mathêtái[마테타이]는 신약 성경에 261회나 등장하며, '배우다'라는 의미의 동사 manthánein([만타네인], 25회 등장)에서 유래했습니다. 그들은 그리스도로부터 사명을 받고 세상으로 '파견될' 것입니다. 여기서 중요한 또 다른 그리스어 동사 pémpô[펨포], 곧 '보내다, 파견하다'(79회 등장)가 등장합니다. 이제 '제자들'이란 단어로 다시 돌아가 봅시다.

그들은 예수님을 신체적으로 따를 뿐 아니라, 무엇보다도 영적으로 따르는 남자와 여자들로서, 용기 있는 증언의 십자가를 지고, 심지어 순교에 이르기까지 따를 준비가 되어 있었지만, 안타깝게도 쉽게 변절할 수도 있던 사람들이었습니다. 카파르나움의 회당에서 생명의 빵에 대한 말씀을 들은 후, "제자들 가운데에서 많은 사람이 되돌아가고 더 이상 예수님과 함께 다니지 않았다."(요한 6,66)라고 성경은 밝히고 있습니다. 그리스도의 충실한 친구들 가운데에는 수난 이야기에서 요한 복음사가가 언급한 "사랑하시는 제자"가 두드러집니다. 비록 이름이 명시되지는 않았지만, 전승에서는 그를 요한 복음사가와 동일시하고 있습니다.

이 시점에서 그리스도와 더욱 가까운 또 다른 집단으로 자연스럽게 넘어갈 수 있습니다. 그들은 바로 '사도들apóstoloi'로, 이 낱말은 신약 성경에 80회 등장합니다. 이 단어의 기원이 되는 동사 apostéllô는 '보내다, 파견하다'라는 의미로 신약 성경에서 132회

나옵니다. 이 사도의 정체성을 구성하는 근본적 요소는 그리스도의 역사적이고 영광스러운 현존을 눈으로 직접 목격한 증인인 것으로 보입니다. 이는 유다 이스카리옷을 대신해 마티아를 사도로 선택할 때(사도 1,21-26 참조) 분명히 드러나며, 또한 부활하신 그리스도를 직접 목격한 바오로 사도가 여러 곳에서(참조: 1코린 9,1; 15,8) 힘주어 강조한 바와 같습니다.

사도들과 관련하여 또 하나의 명칭이 있습니다. 그것은 바로 '열두 제자'라는 의미의 dôdeka[도데카]인데, 신약 성경에 75회 등장합니다. 그들의 이름은 성경에 기록되어 있습니다(참조: 마태 10,2-4; 사도 1,13). 그들의 선택은 그리스도의 자유로운 뜻에서 비롯된 것으로, 예수께서는 그들의 사명 또한 친히 정하셨습니다. "당신께서 원하시는 이들을 가까이 부르시니 … 그분께서는 열둘을 세우시고 그들을 사도라 이름하셨다. 그들을 당신과 함께 지내게 하시고, 그들을 파견하시어 복음을 선포하게 하시며, 마귀들을 쫓아내는 권한을 가지게 하시려는 것이었다."(마르 3,13-15; 6,7-13 참조). 그들의 숫자는 이스라엘 열두 지파를 상기시키는 상징적 의미를 띠고 있습니다.

제자들과 달리 사도들에게만 특별히 주어진 고유한 역할은 죄를 용서하는 권한입니다(참조: 마태 16,19; 18,18; 요한 20,22-23). 이와 달리 '제자'라는 명칭은 주님이요 스승이신 그리스도를 따르는 그리스도인을 지칭하는 말이 됩니다. 다른 제자들을 양성하는 과제는 부활하신 분께서 열한 사도에게 갈릴래아의 산에서 "너희는 가서 모든 민족들을 제자로 삼아, 아버지와 아들과 성령의 이름으로 세례를 주라."(마태 28,19)고 명령하신 대로, 사도들에게 맡겨질 것입니다.

이 그리스어 어휘들에 대한 복잡한 설명 과정을 끈기 있게 따라온 이들을 위해, 지금까지 살펴본 그리스어 용어들을 정리해 보겠습니다. apóstoloi 또는 dôdeka는 '열두 사도', 곧 세상에 '파견된apostéllein' 이들을 뜻합니다. mathêtái는 '제자들', 곧 '배우는 manthánein' 이들로, 나아가 복음을 선포하고 증언하도록 '파견된' 사람들입니다.

βαπτίζω
baptízô

몇 해 전, 영국 런던의 국립 미술관에서 피에로 델라 프란체스카(P. della Francesca, 1415/20-1492년)의 1440년경 작품 「그리스도의 세례Battesimo di Cristo」 앞에서 받은 강렬한 감동을 아직도 생생히 기억하고 있습니다. 그림의 중앙, 기도하고 계신 예수님의 몸처럼 하얗고 매끄러운 몸통이 위풍당당하게 그려진 나무는 십자가, 곧 '생명 나무'의 표지이며, 이 나무에는 흔들리지 않는 잎사귀가 매달려 있습니다. 그리스도의 머리 위에는 성령의 비둘기가 안정적으로 머물러 있습니다. 한쪽에는 천사처럼 보이는 세 인물이 어우러져 있고, 다른 한쪽에는 세례 지원자가 세례를 받기 위해 옷을 벗고 있습니다.

이제 예수님께서 공생활을 시작하시는 장면을 보여 주는 이와 같은 묘사에서 누구나 곧바로 알아볼 그리스어 동사 baptízô([밥티조], 세례를 주다)에 대해 다루고자 합니다. 신약 성경에 77회 등장하는 이 동사는, 어휘 '세례', '세례자'로 파생되어 이어지며, 애초에는 '잠그다'라는 의미를 갖고 있었습니다. 모든 종교 문화는 물로 씻는 재계齋戒 의식으로 부정을 떨쳐 없애는 의식을 받아들였습니다. 예수님 시대의 유다교 역시 이러한 관습을 따랐다는 사실이, 사해 연안에 위치한 쿰란의 연못과 물통에서 확인되었습니다. 쿰란은 유명한 고대 유다인 공동체의 본거지였으며, 1947년에는 이곳에서 성경과 유다 문학의 유명한 수사본들이 발견되었습니다. 세례자 요한도 '회개의 세례'를 베풀었습니다.

이 의식은 그리스도교적 맥락에서 결정적인 전환을 맞이합니다. 그것은 단순히 죄로부터 정화되는 잠김에 머물지 않고, 하느님의 영이 부어져 새 생명을 받는 사건이 되는 것입니다. 사람이 태어날 때 육체적 생명의 숨을 받는 것처럼, 세례로 새로 태어날 때는 하느님의 생명 자체의 숨, 곧 성령을 받게 됩니다.

그렇기 때문에 우리는 하느님의 아드님이신 예수님께서 친히 사용하신 애정 가득한 호칭으로 하느님을 부릅니다. "여러분은 …, 여러분을 자녀로 삼도록 해 주시는 영을 받았습니다. 이 성령의 힘으로 우리가 "아빠'Abbà! 아버지!" 하고 외치는 것입니다."(로마 8,15). '아빠'Abbà'는 아이들이 자기 아버지를 친근하게 부르던 아람어 호칭이었습니다.

이는 세례 때 바오로 사도가 묘사한 것과 같은 특별한 사건이 우리 안에서 일어나기 때문입니다. "그리스도 예수님과 하나 되는 세례를 받은 우리가 모두 그분의 죽음과 하나 되는 세례를 받았다는 사실을 여러분은 모릅니까? 과연 우리는 그분의 죽음과 하나 되는 세례를 통하여 그분과 함께 묻혔습니다. 그리하여 그리스도께서 아버지의 영광을 통하여 죽은 이들 가운데에서 되살아나신 것처럼, 우리도 새로운 삶을 살아가게 되었습니다."(로마 6,3-4).

그러므로 여기에는 서로 병행을 이루는 두 개의 무덤이 존재합니다. 돌아가신 예수님께서는 돌무덤에 들어가셨지만, 그 무덤에서 부활하시어 영광스러운 모습으로 다시 나오십니다. 바로 이 때문에 그리스도께서는 당신의 죽음을 가리켜 '세례'라고 표현하셨던 것입니다. "내가 받아야 하는 세례가 있다. 이 일이 다 이루어질 때까지 내가 얼마나 짓눌릴 것인가?"(루카 12,50). 그리고 죄로 인해 죽은 '옛' 인간이 세례대의 물 무덤에 들어가지만, 정화되어 하느님의 성령을 입은 새 피조물로 다시 태어납니다.

그리스도의 죽음과 부활은 우리 안에서 반복됩니다. "그리스도와 하나 되는 세례를 받은 여러분은 다 그리스도를 입었습니다."(갈라 3,27). 세례가 성사인 이유가 바로 여기에 있습니다. 하느님께서 당신 아드님을 통해 세례 안에서 행위하시기 때문입니다. 또한 세례는 새 생명을 시작하게 하는 탄생이기에 첫 번째 성사입니다. 이 새 생명은 세례를 받은 모든 이에게 공통으로 주어진 한 분이신 하느님의 선물입니다. 인간적 측면에서 우리가 모두 아담의 자손이듯, 세례성사를 통해 우리는 모두 하느님의 자녀가 되었으며, 따라서 우리의 인간적 연약함 안에서도, 또한 하느님의 양자로 부름받는 영광 안에서도 모두 서로 형제자매가 되는 것입니다.

이러한 이유로 부활하신 예수님께서는 당신의 교회에 작별 인사를 하시면서 분명히 명령하셨습니다. "너희는 가서 모든 민족들을 제자로 삼아, 아버지와 아들과 성령의 이름으로 세례를 주어라."(마태 28,19 참조). 뒤이어 사도행전에는 첫 세례자들의 기록이 등장합니다. 필리포스 부제가 에티오피아의 여왕 칸다케의 내시(사도 8,26-40 참조)에게, 바오로 사도가 로마의 백인대장 코르넬리우스와 그의 가족(사도 10,44-48 참조)에게 세례를 주었습니다. 이상적으로 말하자면, 이러한 계보는 다양한 그리스도교 공동체에서 시행되는 세례성사를 통해 오늘날 우리에게까지 이어지고 있습니다.

βασιλεία
basiléia

이번에 살펴볼 단어는 신약 성경에서 매우 중요한 그리스어 단어 basiléia([바실레이아], 나라, 162회 등장)입니다. basiléia는 예수 그리스도의 족보에 등장하는 다윗 임금에서 시작해 115회 인용되는 단어 basiléus([바실레우스], 임금)와 자연스럽게 이어집니다(마태 1,6 참조). 예수님께서는 갈릴래아에서 처음 공생활을 시작하실 때 이렇게 선포하셨습니다. "회개하여라. 하늘 나라가 가까이 왔다."(마태 4,17). 예수님께서 하신 이 말씀은 당신의 선구자였던 세례자 요한의 선포(마태 3,2)를 반복하신 것이었습니다.

그리스도교의 선포는 바로 이 상징을 중심으로 펼쳐집니다. 이 상징은 구약에서도 이미 두 가지 의미로 쓰였습니다. 하나는 '하느님의 통치와 주권'이라는 **능동적 의미**이고, 다른 하나는 주님의 정의로 통치되는 백성(또는 세상)이라는 **수동적 의미**입니다. 물론 이 상징은 고대 근동 문명과 기원전 11세기 중반 무렵 왕정 제도를 선택한 이스라엘의 경험에서 비롯된 것입니다. 사실 다윗 왕조는 메시아 신앙으로 나아가는 역사적 길로 여겨지기도 했습니다.

이제 '하느님 나라', 곧 마태오 복음사가가 유다인들의 문체에서 거룩한 나머지 발음할 수 없는 하느님의 이름을 피하기 위해 '하늘 나라'라고 표현한 그 개념은, 하느님께서 생각하시고 바라시는 올바른 사회와 조화로운 창조라는 계획을 가리키게 됩니다. 그러나 불행히도 그 계획은 인간의 죄로 인해 금이 가고 짓밟혔습니다. 하느님의 나라를 노래하는 시편들(참조: 시편 47편; 93편; 96-99편)은 하느님께서 개입하시어 '진리와 생명, 거룩함과 은총, 정의와 사랑과 평화의 나라'를 세우셨음을 찬양합니다. 그 나라는 단순히 희망으로서가 아니라 복음 선포를 통해 역사 안에 현존하는 것으로도 기려집니다.

그렇게 예수님께서는 당신의 비유 말씀과 구원 행위를 통해 하느님 나라의 시작을 선포하셨을 뿐만 아니라, 마태오 복음사가가 다룬 최후 심판의 장엄한 장면에서 임금으로 정의되셨습니다. "사람의 아들이 영광에 싸여 모든 천사와 함께 오면, 자기의 영광스러운 옥좌에 앉을 것이다. … 그때에 임금이 자기 오른쪽에 있는 이들에게 이렇게 말할 것이다."(마태 25,31.34). 그분은 그리스어로

basiléus, 곧 구약 성경에서 하느님께서 맡으셨던 것과 같은 역할을 계속하시는 임금이십니다. "그분께서 오신다, 세상을 다스리러 그분께서 오신다. 그분께서 누리를 의롭게, 민족들을 성실하게 다스리시리라. … 정의와 공정이 그분 어좌의 바탕이라네."(시편 96,13; 97,2; 98,9 참조).

요한 복음서에는 그분의 통치가 이 세상 군주들의 통치와 얼마나 다른지를 분명하게 보여 주는 주목할 만한 구절이 있습니다. 예수님께서는 로마 제국을 대표하는 본시오 빌라도 총독에게 선언하십니다. "내 나라는 이 세상에 속하지 않는다. … 내가 임금이라고 네가 말하고 있다. 나는 진리를 증언하려고 태어났으며, 진리를 증언하려고 세상에 왔다."(요한 18,36-37). 이러한 이유로 요한 복음사가는 수난 중에 그리스도의 왕권에 대한 주제를 십여 차례에 걸쳐 제시하면서, 십자가를 십자가에 못 박히신 분의 영광의 관으로 변모시킵니다.

그러므로 그리스도께서는 "백성 위에 군림하고, 민족들에게 권세를 부리는 자들"(루카 22,25)처럼 행동하는 임금이 아니십니다. 오히려 "사람의 아들은 섬김을 받으러 온 것이 아니라 섬기러 왔고, 또 많은 이들의 몸값으로 자기 목숨을 바치러"(마르 10,45) 오셨기 때문입니다. 그분은 당신 자신을 희생하시고, 권세 있는 자들이 아니라 세상의 가장 작은 이들 곁에 계시며, 그들의 운명을 함께 나누십니다. 이것이 바로 하느님의 나라입니다. 그 나라는 인간의 역사에서 '어떤 씨앗보다도 작은 겨자씨 또는 밀가루 서 말 속에 집어넣은 누룩'과 같습니다(마태 13,31-33 참조). 그 나라는 감추어져 있으나 유효하고, 땅 속에 숨겨져 있으나 열매를 맺습니다. 이것이 바로 우리가 '주님의 기도'에서 "아버지의 나라가 오시며!"라고 기도하는 하느님의 나라입니다. 또한 제자들은 그리스도의 이름으로 반복하여 선포합니다. "하늘 나라가 가까이 왔다."(마태 10,7).

βίος/ζωή
bîos / zôê

이번에 소개할 두 개의 중요한 그리스어 단어는 여기서 파생한 'biologia생물학', 'zoologia동물학' 같은 현대 어휘들로 많은 이들이 알고 있는 단어입니다. 고전 문화에서 bíos[비오스]는 인간이 존재를 살아 내는 방식과 깊은 차원까지 포함한 삶의 질을 가리키는 말이었고, 반면 zôê[조에]는 모든 생명체의 보편성에 속한다는 점에서, 객관적 의미의 생명을 가리켰습니다. 신약 성경에서는 이러한 구별이 때로는 뒤바뀌어, '영원한 생명', 곧 하느님께서 당신과의 친교 안에서 의인에게 선사하시는 하느님의 특질을 zôê로 정의합니다.

성경은 신체적 차원과 영성적 차원 모두를 찬양하며, 몇 줄로 요약하기 어려운 수많은 방식으로 그것들을 표현합니다. 통계적으로 bíos는 신약 성경에 10번만 등장하지만, 명사 zôê는 135회, 동사 zaô([자오], 살다)는 파생된 단어들과 함께 140회 등장합니다. 그러므로 zôê로 표현된 내적 측면이 훨씬 더 부각되고 있음은 분명해 보입니다. 그러나 신체적 생명은 성경의 첫 장부터 나타납니다. "주 하느님께서 흙의 먼지로 사람을 빚으시고, 그 코에 생명의 숨을 불어넣으시니, 사람이 생명체가 되었다."(창세 2,7).

그러므로 피를 흘리거나 만지거나 먹어서는 안 된다는 고대 셈족적 관념(창세 9,4-6 참조)으로 대표되는 구체적 생명의 불가침성은 사형의 합법성에 대한 사회-문화적 한계에도 불구하고, 이미 구약 성경 안에서 중요한 논제로 다루어집니다. 신약 성경은 한 걸음 더 나아갑니다. 바오로 사도는 "여러분의 몸이 여러분 안에 계시는 성령의 성전임을 모릅니까? 그 성령을 여러분이 하느님에게서 받았고, 또 여러분은 여러분 자신의 것이 아님을 모릅니까?"(1코린 6,19)라고 말합니다. 이에 비추어 볼 때, 육체적 생명은 하느님께서 주신 거룩하고 소중한 선물로 사랑받아야 합니다. 실제로, '살아 계신 분Vivente'이라는 칭호는 하느님께만 해당되며, "하느님께서는 만물을 존재하라고 창조하셨으니 세상의 피조물이 다 이롭고 그 안에 파멸의 독이 없으며 저승의 지배가 지상에는 미치지 못한다."(지혜 1,14)라는 것을 우리는 알고 있습니다.

때때로 죽음과 질병은 죄와 연관 지어 해석되었습니다. 소위

'인과응보론'처럼 죄와 고통 사이를 기계적으로 연결한 엄격한 해석도 존재합니다. 이에 반해 생명은 구원의 온전한 표현입니다. 그리스도께서 하신 주된 일이 사람들을 치유하여 인간의 삶을 온전히 회복시키는 것이었다는 점은 의미심장합니다.

하지만 우리가 따라야 할 두 번째 궤적이 있습니다. 그것은 육체적 생명이 초월적 원천에서 피어나는 또 다른 생명의 표징임을 보여 줍니다. 그리스도교의 세례를 통해 우리는 하느님의 생명에 참여하는 삶을 우리에게 선사하는 또 다른 '숨'(respiro, 영spirito)을 받습니다. 그리하여 우리는 그분의 자녀로 입양됩니다. 바오로 사도는 이를 성령에 따른 삶이라 불렀습니다. 그것은 그리스도의 삶에 참여하는 것이며, 그 성령의 열매는 "사랑, 기쁨, 평화, 인내, 호의, 선의, 성실, 온유, 절제"(갈라 5,22-23)입니다.

요한 복음사가는 하느님의 말씀Verbo "안에 생명이 있었으니 그 생명은 사람들의 빛이었다."(요한 1,4)라고 단언합니다. 그는 '영원한 생명'이라는 표현을 받아들여, 우리에게 은총으로 선사된 하느님의 생명을 규정했습니다. "하느님께서 우리에게 영원한 생명을 주셨고 그 생명이 당신 아드님에게 있다는 것입니다. 아드님을 모시고 있는 사람은 그 생명을 지니고 있고, 하느님의 아드님을 모시고 있지 않는 사람은 그 생명을 지니고 있지 않습니다."(1요한 5,11-12). 죽음을 모르는 이 생명을 얻기 위해서는 사랑의 행위로 육체적 생명을 포기해야 할 수도 있습니다. "친구들을 위하여 목숨을 내놓는 것보다 더 큰 사랑은 없다."(요한 15,13). 그리스도께서는 이러한 선택의 위대한 증인이십니다. 그분의 이 선택은 '생명의 빵', 곧 우리에게 주어진 그분의 몸과 피 안에 영원한 표징으로 남아, 하느님의 생명이 우리 안에 넘쳐흐르도록 해 주십니다.

γινώσκω
ginôskô

마태오 복음서에는 독자들이 해석할 때 염두에 두어야 하는 다소 생소한 구절이 들어 있습니다. "잠에서 깨어난 요셉은 주님의 천사가 명령한 대로 아내를 맞아들였다. 그러나 아내가 아들을 낳을 때까지 **아내를 알지 못하였다**(잠자리를 같이하지 않았다). 그리고 아들의 이름을 예수라고 하였다."(마태 1,24-25). 많은 이들이 알고 있듯이, 성경에서 히브리어 jada'[야다]나 그리스어 ginôskô[기노스코]로 표현되는 동사 '알다'는 사랑의 관계, 곧 그 복합적 의미 안에서 성적 행위까지 포함하는 관계를 표현합니다. 이 단어는 신약 성경에 222회나 등장합니다.

이 현상의 바탕에는 '앎'의 개념을 총체적 경험으로 이해하는 관점이 있습니다. 곧 이성적 기능이 발휘되는 뇌의 높은 영역에만 머

묻지 않고, 의지, 열정, 감각, 육체성 등 인간 존재의 다른 차원으로까지 확장됩니다. 실제로 우리는 지적 차원뿐 아니라 정서적, 실천적, 사랑적, 예술적, 상징적 차원의 다양한 통로로 지식을 얻습니다. 바로 이러한 관점에서 성경의 '앎'은 매우 광범위한 영역으로 확장됩니다.

일례로 우리가 영원한 생명을 "홀로 참하느님이신 아버지를 알고 아버지께서 보내신 예수 그리스도를 아는 것입니다."(요한 17,3)라고 정의하신 예수님 말씀을 읽을 때, 그리스도께서는 우리에게 추상적 지식을 제안하시는 것이 아니라, 환대, 곧 믿음과 사랑의 내밀한 친교를 제안하시는 것입니다. 요한이 자신의 첫째 서간에서 이 점에 대해 명확하게 단언한 것은 결코 우연이 아닙니다. "사랑하는 이는 모두 하느님에게서 태어났으며 하느님을 압니다. 사랑하지 않는 사람은 하느님을 알지 못합니다. 하느님은 사랑이시기 때문입니다."(1요한 4,7-8).

그러나 이것이 이해를 의미하는 지식의 존재를 배제하는 것은 아닙니다. 요한 복음사가는 복음서의 머리글에서 하느님의 아드님이신 예수 그리스도의 사명을 명확하게 밝힙니다. "아무도 하느님을 본 적이 없다. 아버지와 가장 가까우신 외아드님 하느님이신 그분께서 알려 주셨다."(요한 1,18). 이런 신학적이면서도 사랑의 응답을 배제하지 않는 흐름 안에서 다음의 예수님의 선언이 암시적입니다. "아버지 외에는 아무도 아들을 알지 못한다. 또 아들 외에는, 그리고 그가 아버지를 드러내 보여 주려는 사람 외에는 아무도 아버지를 알지 못한다."(마태 11,27).

그리스도교의 역사에는 두 가지 극단이 항구한 위험으로 존재해 왔습니다. 한 가지는 신앙의 '앎'을 '영적 지식gnôsis'으로 축소하는 위험입니다. '영지'는 지식을 의미하는 그리스어에서 유래했으며, 신약 성경에 29회나 등장합니다. '영지'는 코린토 교회 공동체의 몇몇 신자들이 그러했던 것처럼(1코린 1-2장 참조), 신앙의 '앎'을 오만하게도 단순한 지성적 이해로 축소하는 것입니다. 그들은 그리스도교를 그리스 철학에 근거한 지혜 체계로 축소하려 했습니다. 바오로 사도는 이에 강한 어조로 "십자가에 못 박히신 … 그리스도는 유다인들에게는 걸림돌이고 다른 민족에게는 어리석음입니다."(1코린 1,23)라고 밝혔습니다.

다른 하나는 믿음을 단지 실질적인 도덕의 실천, 일련의 윤리적 규정, 사회 운동으로 축소시키는 위험입니다. 이는 '믿음'을 오로지 '행동'으로만 국한시키고, 예수님의 모습을 윤리 교사나 사회 활동가의 모습으로 단순화하는 도덕주의적 사조입니다.

종합하자면, 성경의 '앎'은 이해하고, 행동하며, 고백하고, 표명하며, 계시하고, 순종하는 것이라 할 수 있습니다. 바오로 사도가 에페소의 그리스도인들에게 권고했듯, "우리 주 예수 그리스도의 하느님, 영광의 아버지께서 여러분에게 지혜와 계시의 영을 주시어 여러분이 그분을 알게"(에페 1,17) 해 주시도록 기도해야 합니다.

γραμματεύς
grammatéus

이번에 만나 볼 신약 성경의 그리스어 단어는 '율법 학자, 서기관'으로 번역되는 grammatéus[그람마테우스]입니다. 이 단어는 신약 성경에서 63회 등장하는데, 그중 57회가 공관 복음서에 나타납니다. 191회 등장하는 동사 graphô([그라포], 쓰다)에서 파생된 이 단어는 graphê([그라페], 성서, 쓰기, 기록, 50회 등장), grámma([그람마], 글자, 문서, 14회 등장)와 긴밀히 연결되어 있습니다. 이 단어는 역시 율법 학자를 뜻하는 그리스어 nomikós([노미코스], 9회 등장)와도 결합됩니다. 이제 이렇게 서로 연관된 단어들의 그물망을 잠시 벗어나, 복음서에서 예수님과 자주 마주치고 때로는 대립하기도 했던 이 전문 직업인, 율법 학자에 대해 알아보도록 하겠습니다.

이스라엘에서 율법 학자는 고등 교육을 받아 성경을 깊이 연구해 일종의 학위를 받은 사람이었으며, 비서, 공무원, 행정가의 역할도 수행할 수 있는 사람이었습니다. 그들은 히브리어와 아람어로 '나의 스승'을 뜻하는 '랍비rabbi'의 칭호도 받을 수 있었습니다. 구약 성경에서 가장 높은 위상을 지닌 인물 중 한 명으로, 일종의 '수호자'의 지위까지 오른 율법 학자 에즈라는 바빌론 유배 후, 이스라엘이 본토로 돌아왔을 때, 사실상 정부 수반 역할을 수행했습니다(기원전 5-4세기).

복음서에서 대사제나 바리사이들과 자주 언급되는 율법 학자들은 율법과 전통을 엄격하게 해석하고 수호하는 이들이었으며, 이러한 이유로 그들은 예수 그리스도의 가르침과 행적이 지닌 독창성과 자유로움과 자주 충돌할 수밖에 없었습니다. 복음서에는 이와 관련된 논쟁과 대립의 장면들이 기록되어 있습니다. 그들의 질문에는, 자신들의 위선적 태도를 신랄하게 비판하시는 예수님을 곤란에 빠뜨리려는 교활한 함정이 숨겨져 있었습니다. "율법 학자들과 바리사이들은 모세의 자리에 앉아 있다. 그러니 그들이 너희에게 말하는 것은 다 실행하고 지켜라. 그러나 그들의 행실은 따라하지 마라. 그들은 말만 하고 실행하지는 않는다."(마태 23,2-3).

예수님은 계속해서 그들을 날카롭게 비판하셨습니다. "율법 학자들을 조심하여라. 그들은 긴 겉옷을 입고 나다니며 장터에서 인사받기를 즐기고, 회당에서는 높은 자리를, 잔치 때에는 윗자리를 즐긴다. 그들은 과부들의 가산을 등쳐 먹으면서 남에게 보이려고 기도는 길게 한다. 이러한 자들은 더 엄중히 단죄를 받을 것이다."(마르 12,38-40). 관점의 차원에서 예수님과 가까웠던 바리사이들도 있었던 것처럼, 자유롭고 열린 마음으로 예수님께 접근했던 몇몇 율법 학자들도 있었습니다. '모든 계명 중에서 첫째가는 계명'에 대해 예수님께 질문하고, 그분의 대답에 동의했던 율법 학자에게 그리스도께서는 "너는 하느님의 나라에서 멀리 있지 않다."(마르 12,34)라고 말씀하셨습니다.

다른 율법 학자도 예수님께 '영원한 생명을 얻을 수 있는 방법'을 물었습니다. 그는 착한 사마리아인의 비유를 귀담아 듣고, 이웃에 대한 예수님의 질문에 정확하게 대답했습니다(루카 10,25-37 참조). 또 다른 중요한 이야기에서는 유다교의 보수적 분파이자 부활을 부정하는 사두가이들이 죽은 이들의 부활에 대해 예수님께 질문을 합니다. 예수님께서 뛰어난 답변을 내놓으신 것을 본 율법 학자 몇 사람은 예수님께 "스승님, 잘 말씀하셨습니다."라고 말했습니다(루카 20,27-39 참조).

사실, 랍비 예수님은 군중들의 눈에, 더 위대하신 분으로 드러나십니다. "군중은 그분의 가르침에 몹시 놀랐다. 그분께서 자기들의 율법 학자들과는 달리 권위를 가지고 가르치셨기 때문이다."(마태 7,28-29). 최고 의회의 의원인 니코데모(요한 3,1-21 참조)나 가말

리엘(사도 5,34 참조) 같은 권위 있는 몇몇 '교사'들은 예수님의 증언과 말씀, 그리고 인격에 섬세하고 열린 마음을 가졌습니다. 또한 바오로 사도가 "가말리엘 문하에서 조상 전래의 엄격한 율법에 따라 (아마도 율법 학자가 되기 위한) 교육을 받았습니다."(사도 22,3)라고 한 것도 잊어서는 안 됩니다.

γυνή
gynê

요한 묵시록 12장의 유명한 장면에는 "태양을 입고 발밑에 달을 두고 머리에 열두 개 별로 된 관을 쓴 여인"이 등장합니다. 그 여인은 한 아들의 어머니이며, 그 아들을 해치려는 붉은 용, 곧 악의 상징이 맹렬히 공격하지만, 결국 아무런 소용이 없습니다. 교회 전승은 이 여인에게서 그리스도의 어머니이신 마리아의 모습을 읽었습니다. 그러나 성경 저자가 염두에 두었던 직접적인 의미는, 아마도 하느님의 백성, 곧 교회였을 것입니다. 그리스도는 바로 이 교회의 품 안에서, 성찬례와 말씀을 통해 끊임없이 '탄생'하고 현존하는 분이시기 때문입니다.

이 유명한 본문에는 신약 성경에 215회에 걸쳐 사용된 그리스어 단어 gynê([귀네], 여자)가 제시되어 있습니다. 이를 통해 우리는 그리스도교 성경이 사람들이 흔히 생각하는 것보다 여성에 대해 더 주의를 기울인다는 것을 알 수 있습니다. 구약 성경에 종종 나타나고 당시의 문화와 사회적 한계 속에 반영된, 바오로 서간의 몇몇 본문들에서도 엿볼 수 있는 여성 혐오적 경향에 비해, 예수님께서는 이러한 전환점을 분명히 드러내고 계십니다.

사실, 그분의 생애는 그분의 어머니 마리아를 필두로 많은 여인들이 함께한 삶입니다. 그분께서 지상에서의 삶을 막 시작하시던 그때에도 여든네 살의 사랑스러운 한나 할머니가 그분을 칭송했고, 성인이 된 후에는 "막달레나라고 하는 마리아, 헤로데의 집사 쿠자스의 아내 요안나, 수산나 그리고 다른 여자들이 자기들의 재산으로 예수님의 일행(예수님과 열두 제자)에게 시중을"(루카 8,2-3 참조) 들면서 그분과 함께 걷고, 그분을 돌보았습니다. 그분은 베드로의 장모와 라자로의 누이이며 자신의 친구인 마르타와 마리아의 초대로 함께 축제를 지내셨습니다.

그분은 바리사이인 시몬의 집에서 다가와 울던 '죄 많은 여자'(루카 7,36-50)나 간음하다 붙잡혀 성전 마당으로 끌려온 여자(요한 8,1-11)처럼 고통 받는 여자들을 받아들이고 용서하는 데 주저하지 않으셨습니다. 제자들이 모두 도망쳤던 그분 생애의 마지막 순간에도 그분의 어머니 마리아와 몇몇 여자들은 그분의 죽음을 지켜보고, 예우를 갖춰 장례를 치렀습니다. 그분의 부활을 처음 접한 사람들도 여자들입니다. 그들은 그분을 만나 뵙고, 그분의 영광스럽고 새로운 현존의 증인이자 선교사가 됩니다.

초기 교회에도 몇몇 여성들이 있었습니다. 부드럽고 관대한 타비타(사도 9,36-43), 어쩌면 마르코 복음사가일지도 모를 요한 마르코의 어머니 마리아와 감옥에서 풀려난 베드로를 집에 맞아들인 마리아의 하녀 로데(사도 12,12-15), 필리피에서 바오로를 후원한 자색 옷감 장수 리디아(사도 16,14), 바오로 사도가 아레오파고스에서 연설한 후 회개한 아테네 여자 다마리스(사도 17,34), 남편 아퀼라와 함께 바오로를 코린토에 있는 자기들 집에 맞아들인 프리스킬라(사도 18,2-3), 예루살렘의 복음 선포자 필리포스의 네 딸(사도 21,8-9)을 떠올려 볼 수 있습니다.

바오로 사도가 로마 신자들에게 보낸 서간(16장)에서 인사했던 여자들, 곧 포이베부터 마리아, 유니아와 트리패나, 트리포사, 페르시스와 율리아에 이르기까지 그들을 어떻게 떠올리지 않을 수 있겠습니까? 초기 교회의 시작에 중요했던 과부들의 역할(1티모 5장)을 상기하지 않을 수 있을까요? 그러므로 우리는 바오로 사도가 갈라티아인들에게 보냈던 상징적인 말로 결론을 내릴 수 있을 것입니다. "유다인도 그리스인도 없고, 종도 자유인도 없으며, 남자도 여자도 없습니다. 여러분은 모두 그리스도 예수님 안에서 하나입니다."(갈라 3,28).

διδάσκαλος
didáskalos

피렌체의 성 마르코 수도원에는 프라 안젤리코 복자가 완성한 프레스코화(1438-1446년)가 있습니다. 그 그림은 산상 설교를 하시는 장면입니다. 제자들에게 둘러싸이신 예수님께서 바위산에 앉아 검지를 위로 치켜드신 채 그들을 가르치고 계십니다. 사도들apóstolos과 제자들mathêtái을 의미하는 그리스어 단어는 이미 다루었습니다(apóstolos, 53쪽). 이제 저 유명한 화가가 그랬던 것처럼, 스승의 모습을 가운데에 두고 집중하고자 합니다. 그리스어로 didáskalos[디다스칼로스]라고 하는 이 단어는 이탈리아어 'didascalico교훈적인'라는 형용사에도 유입되었습니다.

신약 성경에 59회 등장하며, 주로 예수님께 적용되는 이 명사는 '가르치다'라는 의미의 동사 didáskô에서 유래했습니다. 97회 사용된 이 동사에서 '가르침'이라는 의미로 성경에 30회 등장하는 didachê와 같은 다양한 단어들이 파생되었으며, 이탈리아어에는 'didattica교훈'라는 단어로 남아 있습니다. 이 어휘는 교화, 교육, 교의와 연관되어 있으며, 이것이 바로 예수님을 didáskalos, 곧 '스승'으로 정의하는 까닭입니다.

언뜻 보면, 그분의 모습은 제자들을 거느리신 유다인 스승인 랍비rabbì처럼 보입니다. 그분께서 당신의 고향 나자렛의 회당에서 이사야 예언서를 읽고 해설하셨던 장면(루카 4,16-19)이 대표적 예시가 될 것입니다. 복음사가가 그 일을 묘사하며, "예수님께서는 그곳의 여러 회당에서 가르치시며 모든 사람에게 칭송을 받으셨다."(루카 4,15)라고 한 것은 결코 우연이 아니었습니다. 예수님은 사람들을 가르치실 때에도 상징(비유), 지혜의 금언lóghia, 성경 인용, 그리고 구체적인 경험을 언급하시면서 유다 문화와의 연속성을 드러내셨습니다.

당시 유다교 최고 지도자 중 한 사람이었던 최고 의회 의원 니코데모는 그분에 대해 주저하지 않고 다음과 같이 말했습니다. "스승님Rabbì, 저희는 스승님이 하느님에게서 오신 스승didáskalos이심을 알고 있습니다."(요한 3,2). 그분의 이러한 고귀한 신원 때문에, 복음서들은 예수님의 가르침이 당시 유다교 스승들의 가르침과는 근본적으로 달랐음을 강조합니다. 실제로 마르코 복음사가는 그리스도께서 당신의 사명 초기 주 활동지였던 카파르나움의 회당에서 처음으로 가르치신 뒤, 청중이 보인 반응을 이렇게 전합니다. "사람들이 모두 놀라, "이게 어찌 된 일이냐? 새롭고 권위 있는 가르침이다. 저이가 더러운 영들에게 명령하니 그것들도 복종하는구나." 하며 서로 물어보았다."(마르 1,27).

산상 설교를 들은 군중의 반응은 이와 유사하면서도 더욱 명확했습니다. "예수님께서 이 말씀들을 마치시자 군중은 그분의 가르침에 몹시 놀랐다. 그분께서 자기들의 율법 학자들과는 달리 권위를 가지고 가르치셨기 때문이다."(마태 7,28-29). 이처럼 didáskalos 이신 그리스도의 모습에는 독자적 권위가 드러납니다. 왜냐하면 그분께서는 그 설교 안에서 무려 여섯 차례나 성경 자체를 근본적이고 권위 있는 방식으로 새롭게 해석하셨기 때문입니다. "옛사람들에게 이르신 말씀을 너희는 들었다. 그러나 나는 너희에게 말한다."(마태 5,21-48 참조).

이후, 신자들은 예루살렘 교회를 떠받치는 이상적인 네 가지 영적 기둥 중, 사도들의 가르침인 'didachê교리 교육'도 만나게 될 것입니다. "그들은 사도들의 가르침을 받고 친교를 이루며 빵을 떼어 나누고 기도하는 일에 전념하였다."(사도 2,42).

그러나 안타깝게도 그리스도교 공동체에는 pseudodidáskalos, 곧 "거짓 교사들"(2베드 2,1)이나 "호기심에 가득 차 자기들의 욕망에 따라 교사들을 모아들이려 하는"(2티모 4,3 참조) 이들이 침투해 들어올 것입니다. 바로 이러한 이유 때문에 그리스도께서는 이렇게 경고하셨습니다. "너희는 스승이라고 불리지 않도록 하여라. 너희의 스승님은 한 분뿐이시고 너희는 모두 형제다."(마태 23,8). 이와 관련해서 바오로 사도는 코린토 교회의 신자들에게 스승은 있었지만, 자애로운 아버지는 없었다고 주장했습니다. "여러분을 그리스도 안에서 이끌어 주는 인도자가 수없이 많다 하여도 아버지는 많지 않습니다. 그리스도 예수님 안에서 내가 복음을 통하여 여러분의 아버지가 되었습니다."(1코린 4,15).

δικαιοσύνη
dikaiosýnê

이제 바오로 사도의 가르침 안에서 본질적인 그리스어 단어를 중심으로 한층 깊은 성찰의 여정으로 독자를 초대하고자 합니다. 바오로 사도가 갈라티아 신자들에게 보낸 서간의 한 구절을 먼저 보겠습니다. 성경의 인용 구절 중, 해당 단어와 연관된 주제는 진하게 표시했습니다. "사람은 율법에 따른 행위가 아니라 예수 그리스도에 대한 믿음으로 **의롭게 된다**는 사실을 우리는 알고 있습니다. 그래서 우리는 율법에 따른 행위가 아니라 그리스도에 대한 믿음으로 **의롭게 되려고** 그리스도 예수님을 믿게 되었습니다. 어떠한 인간도 율법에 따른 행위로 **의롭게 되지** 않기 때문입니다." (갈라 2,16).

이 구절에서 바오로는 이 서간과 이후 그의 걸작이 될 로마 신자들에게 보낸 서간에서 발전시킬 신학 사상의 핵심을 세 번이나 제시했습니다. 이 논제는 흔히 '믿음으로 의롭게 됨'이라는 문구로 요약되며, 그 내용은 1500년대 이후 가톨릭 교회와 개신교 개혁가들 사이에서 논쟁과 분열의 대상이 되었습니다. 그러나 1999년 가톨릭 교회와 루터파 교회는 이러한 근본 주제에 대하여 신앙의 공통된 본질을 강조하는 공동 선언문을 채택했습니다.

문제의 그리스어 단어는 신약 성경에 92회 나오는데, '의로움'과 '의화義化'라는 의미의 dikaiosýnê[디카이오쉬네]입니다. 이 단어는 '의롭게 하다'라는 의미의 동사 dikaioún과 연결되어 있습니다. 이 두 단어는 본래 법정 용어로, 한 사람의 올바름과 정의로움이 공적으로 인정받는 것을 의미합니다. 그러나 종교 개념은 법적 맥락을 훨씬 더 뛰어넘습니다. 매우 단순하면서도 본질적인 방식으로 보자면, 그 출발점은 하느님의 정의, 곧 그분 피조물에 대한 그분의 구원 의지입니다. 그것은 바오로 사도가 '은총'이라 부르는 것이며, 그리스어 단어 cháris(206쪽)로 표현합니다. 따라서 그것은 죄로 인해 멀어진 인간에게 먼저 다가가시는 주님의 사랑을 의미합니다. 당신의 피조물을 향하여 가장 먼저 나아가시는 분은 하느님이십니다.

실제 바오로 사도는 로마 신자들에게 보낸 서간에서 "이사야는 심지어 이렇게까지 말합니다. ″나를 찾지도 않는 자들을 내가 만나 주었고 나에 관하여 묻지도 않는 자들에게 나를 드러내 보였다.′′”(로마 10,20)라고 말했습니다. 물론 인간에게는 은혜, 곧 하느님 구원의 정의를 받아들이거나 거부할 자유가 있습니다. 그런데 받아들임은 믿음, 곧 그리스어 pístis(165쪽)입니다. 이는 하느님의 선물을 자유롭고 자발적이며 기쁘게 받아들이는 것으로, 그분의 구원 은총, 해방시켜 주시는 그분의 사랑에 두 팔을 벌리는 것입니다. 진정한 신앙인, 다시 말해 믿음을 가진 사람의 최종 상태는 바로 dikaiosýnê, 곧 의화입니다. 신앙인은 하느님께서 악과 죄에서, 'sárx살, 육신'에서 떼어 내시어 올바르게 된 존재입니다. 바오로 사도는 이 '살'을 우리의 자유를 죄hamartía로 이끄는 내면의 악한 본성이라고 생각했습니다.

인간은 율법의 행위, 곧 가치 있고 올바른 행위의 실천을 요구하는 규정들을 준수함으로써 스스로 '의롭게 되려고', 다시 말해 자기 자신을 구원하려고 시도할 수 있습니다. 그러나 그것은 견고한 반석 위에 서 있는 누군가의 도움 없이, 모래 늪에서 빠져나오려고 애쓰는 것에 다름없습니다. 바오로 사도가 "그리스도에 대한 믿음으로 말미암은 의로움, 곧 믿음을 바탕으로 하느님에게서 오는 의로움dikaiosýnê을 지니고 있으려는 것이 아니라, 율법에서 오는 나의 의로움dikaiosýnê으로"(필리 3,9 참조) 구원받고자 하는 이의 망상을 고발하며 선언한 것도 바로 이것이었습니다.

그렇다면 올바른 일들은 사라지는 것일까요? 그렇지 않습니다. 의로운 행위는 우리 구원의 궁극적인 원인이 아니라, 하느님께서 그리스도 안에서 선사하신 '의로움'에서 흘러나오는 필요한 '열매' 입니다. 실제로 그것은 우리를 "사랑, 기쁨, 평화, 인내, 호의, 선의, 성실, 온유, 절제"(갈라 5,22-23)의 행위로 이끌어 줍니다. 이 덕행들은 우리의 '의로움'과 믿음의 진실함을 보여 주는 표지입니다.

EGHÉIRÔ 에게이로 | ANÍSTÊMI 아니스테미
되살아나다, 부활하다

ἐγείρω / ἀνίστημι

eghéirô / anístêmi

우리가 반드시 알아야 할 그리스어 단어 모음 가운데 '파스카적'으로 정의할 수 있는 두 개의 동사를 소개하고자 합니다. 이 동사들은 역사적이고 초월적인 사건, 현존과 부재, 만남과 신비를 동시에 표현합니다. "그리스도께서 되살아나지 않으셨다면, 우리의 복음 선포도 헛되고 여러분의 믿음도 헛됩니다."(1코린 15,14). 코린토 신자들에게 보낸 첫째 서간에서 바오로 사도는 그리스도교 신앙에서 부활의 중요성을 이와 같이 명쾌하게 표현했습니다.

모든 것은 그 봄날 새벽, 예수님의 시신을 공경하기 위해 무덤에 찾아간 여자들에게 천사가 나타나 "그분께서는 여기에 계시지 않는다. 되살아나셨다."라고 메시지를 전했을 때 시작되었습니다. 이것이 바로 세대를 거듭해 반복되어 온 선포이며, 그리스도교 가르침, 전례와 신학, 예술의 요점입니다. 그리스도는 죽은 영웅이 아니라, 살아 계신 분이십니다. 그분은 죽으심으로 우리 인간성에 충만히 참여하셨지만, 항상 살아 계신 하느님의 아들이십니다. 부활이 이를 증언합니다.

앞에서 언급한 것처럼, 파스카 사건을 정의하기 위해 신약 성경에서는 두 가지 그리스어 동사를 사용합니다. 첫 번째 단어는 신약 성경에서 144회 사용된 eghéirô[에게이로]입니다. eghéirô는 문자 그대로 직역하면 아버지께서 죽음의 잠에서 '다시 눈을 뜨게 하시다'라는 뜻입니다. 여기서 볼 수 있듯이, 이 단어에는 죽음을 잠으로 표현하고, 삶을 깨어 있는 상태로 표현하는 보편적 상징이 사용되었습니다. 죽은 이들에게 '영원한 안식Requiem aeternam'을 기원하는 기도의 경우에서도 이를 알 수 있습니다. 파스카를 예고하는 동사 eghérthê, 곧 "되살아나셨다."(마르 16,6)에서 에제키엘서 37장의 유명한 환시를 엿볼 수 있습니다. 환시에서는 하느님의 영이 넓은 계곡에 가득 차 있던 뼈들에 생명을 불어넣으시어 그들이 되살아나 제 발로 일어서게 하셨습니다.

부활을 정의하는 또 다른 그리스어 동사는 신약 성경에 107회 사용된 anístêmi[아니스테미]입니다. '발을 딛고 일어서다, 일어나다'라는 의미인 anístêmi는 무덤과 땅에서 하늘을 향해 힘차게 일어서는 것을 의미하며, 영광스러운 신성의 표징입니다. 1463년 화가

피에로 델라 프란체스카가 자신의 고향 '보르고 산세폴크로'(아레초)의 옛 시청 홀에 그린 부활하신 그리스도 그림 속 그리스도의 강렬한 육체를 기억하지 못하는 이가 있을까요? 바로 이 두 개의 동사에 근거해 신약 성경의 그리스도 부활에 대한 이중 묘사를 식별할 수 있습니다. 그것은 그 사건에 숨겨진 신비를 보여 주는 방식이며, 라자로나 나인의 과부의 아들, 또는 카파르나움 회당장의 딸처럼 다시 죽을 운명인 시신의 소생으로만 축소할 수 없는 실재를 설명하는 방식입니다.

부활, 즉 '**다시 눈을 뜨게 함**eghéirô'은 그리스도께서 죽음의 모태에서 생명으로 돌아오시어, 역사 안에서 효과적으로 현존하고 계심을 강조하기 위한 것입니다. 이러한 부활이 부활하신 분의 실재성을 강조하는 것은 당연한 일입니다. 그렇기에 부활하신 그리스도께서는 나타나실 때 그 실재성을 확인할 수 있도록, 당신 자신을 만져 보게 하시고, 말씀하시며, 제자들을 만나시고, 음식을 드십니다. 복음서는 그리스도를 마술로 소환된 유령으로 보는 인식을 단호하게 거부합니다. "그들은 너무나 무섭고 두려워 유령을 보는 줄로 생각하였다. … "내 손과 내 발을 보아라. 바로 나다. 나를 만져 보아라. 유령은 살과 뼈가 없지만, 나는 너희도 보다시피 살과 뼈가 있다."" (루카 24,37.39).

이와 달리, '**발을 딛고 일어서다**anístêmi'라는 의미의 부활은 파스카가 시간과 공간을 초월하는 사건임을 강조합니다. 일어서신 분은 악과 죽음으로부터의 해방의 근원이자, 영광스러운 주님, 하느님의 아드님으로서, 공간과 역사 속에 머무르신 뒤 하늘로 올라가 무한과 영원 속으로 돌아가신 분입니다. 그분을 향해 온 인류가 모여 구원과 부활, 영원한 생명을 얻게 됩니다. 이러한 이유로, '일어서다'라는 동사 anístêmi와 함께 더 명백한 의미의 동사 hypsoún, '들어 올리다'가 사용됩니다. "나는 땅에서 들어 올려지면 모든 사람을 나에게 이끌어 들일 것이다. … 너희는 사람의 아들을 들어 올린 뒤에야 내가 나임을 깨달을 것이다."(요한 12,32; 8,28 참조). 성경에서 "나"는 바로 하느님의 이름 자체입니다. "나는 있는 나다."(또는 "나다." 탈출 3,14).

ἐκκλησία
ekklêsía

신약 성경에서 144회나 울려 퍼지는 그리스어 단어 ekklêsía[엑클레시아]가 복음서에서는 단 세 번, 그것도 마태오 복음서에서만 나온다는 사실에, 많은 독자들이 깜짝 놀랄 것입니다. 이 단어는 예수님께서 으뜸 사도인 베드로에게 하신 말씀에서 처음 등장합니다. "너는 베드로이다. 내가 이 반석 위에 내 교회ekklêsía를 세울 터인즉"(마태 16,18). 나머지 두 번은 이른바 '공동체 설교Discorso comunitario' 중, 형제적 훈계라는 섬세한 주제에 직면했을 때 나타납니다. "그(죄를 지은 형제)가 그들(두 사람 또는 세 사람의 증인)의 말을 들으려고 하지 않거든 교회ekklêsía에 알려라. 교회ekklêsía의 말도 들으려고 하지 않거든 그를 다른 민족 사람이나 세리처럼 여겨라."(마태 18,17).

이 단어 ekklêsía는 '부르다'라는 의미의 동사 kaléô에서 유래했습니다. 그러므로 교회는 주님께서 당신 말씀과 성찬 둘레로 그리스도인들을 불러 모으신 소집召集이고, 공동 신앙과 형제적 사랑으로 일치된 이들의 '회중會衆'이며, 이는 이스라엘 종교 공동체를 의미하는 히브리어 qehal-JHWH와 본질적으로 동일한 의미입니다. 이 개념을 설명하는 데 있어, 바오로 사도의 말씀이 특히 빛납니다. "우리가 떼는 빵은 그리스도의 몸에 동참하는 것이 아닙니까? 빵이 하나이므로 우리는 여럿일지라도 한 몸입니다. 우리 모두 한 빵을 함께 나누기 때문입니다."(1코린 10,16-17). 같은 서간에서 바오로 사도가 발전시킨 '그리스도의 몸'으로서의 교회 개념도 이 말씀에서 묘사되고 있습니다(1코린 12장 참조).

그리스도께서 지상에서의 생애 동안 당신의 몸(성경 언어에서는 그분 자신의 존재와 동일)을 통해 메시지와 구원, 하느님의 현존을 보여주셨듯이, 이제 당신의 활동은 당신의 '몸'인 교회를 통해 계속됩니다. 그러므로 교회에는 선포, 사랑, 증언의 책무가 주어집니다. 우리 몸 안에서 여러 기관들이 인간이 온전히 존재할 수 있도록 힘을 모으듯이, 교회의 다양성 또한 분화와 분열이 아니라, 의견과 애정의 일치 안에서 조화의 샘이 되어야 합니다. 이러한 이유로 예루살렘 교회가 koinônía, 다시 말해 형제적 친교 안에 깊게 뿌리내리고 있는 것입니다(참조: 사도 2,42-47; 4,32-35).

바오로의 다른 문헌들에서는 '교회는 몸, 그리스도는 머리'(콜로 1,18 참조)라는 새로운 묘사가 등장합니다. 이를 통해 교회 공동체 안에서 인성과 신성이 서로 떼어 낼 수 없이 얽혀 있음을 강조합니다. 따라서 교회는 역사 속에서 자신의 가시적 실체를 가지며, 이는 예수님께서 예고하신 것처럼, 베드로 사도에게 맡겨진 직무를 통해 드러납니다. 동시에 다른 사도들의 활동과 바오로 사도의 사목 서간에서 소개된 일련의 봉사자들(주교, 사제, 부제. 참조: 1티모 3,1-13; 티토 1,5-9)을 통해 다양한 형태와 수준으로 이어집니다.

교회의 가장 중요한 과제들 중 하나는 복음 선포입니다. 복음 선포는 죄의 용서를 동반해야 합니다(참조: 마태 16,19; 요한 20,22-23). 또한 모든 그리스도인들은 세례성사로 다음과 같은 사명을 수행합니다. "여러분은 ″선택된 겨레고 임금의 사제단이며 거룩한 민족이고 그분의 소유가 된 백성입니다. 그러므로 여러분은″ 여러분을 어둠에서 불러내어 당신의 놀라운 빛 속으로 이끌어 주신 분의 ″위업을 선포하게 되었습니다.″"(1베드 2,9). 교회는 상호 보완적인 두 얼굴을 보여 줍니다. 예루살렘 교회가 강조하고 바오로가 자신의 서간에서 그동안 세워진 다른 교회들에게도 가르쳤듯이, 교회는 "사도들의 가르침을 받고 친교를 이루며 빵을 떼어 나누고 기도하는"(사도 2,42) 지역 공동체이지만, 또한 시공간 속에 실재하는 그리스도의 몸인 보편 교회이기도 합니다.

앞서 인용한 바오로 사도의 서간이나 사도행전, 또는 요한 묵시록 2-3장의 '일곱 교회'에서 볼 수 있는 다양한 교회들의 모습에는 긴장과 상이相異, 심지어 위기까지 존재합니다. 이는 인간적, 역사적, 민족적, 문화적 조건을 반영하는 '강생'의 표지입니다. 그러므로 교회가 '세상의 소금과 빛'(마태 5,13-14 참조)이 되어, "우리 안에 머무르시는 성령의 도움으로, 그대가 맡은 그 훌륭한 것(복음과 믿음)을 지키도록"(2티모 1,14) 일치하라는 거듭된 호소는 참으로 중요합니다.

ἐλεέω
eleéô

2019년 미사 경본 개정에서는 오랫동안 동방 교회 전례에서 사용되어 온 보편 교회적 자비송의 그리스어 원어 표현인 "Kyrie eleison, Christe eleison[퀴리에 엘레이손, 크리스테 엘레이손]."을 음차로 병기했습니다. 우리가 이번에 살펴보고자 하는 그리스어 단어는 여기에 사용된 동사 eleéô[엘레에오]입니다. 신약 성경에 29회 사용된 이 동사에서 명사 éleos(자비, 27회), 형용사 eleémôn(자비로운, 13회), 그리고 '자선elemosina'이란 말의 기원이 된 명사 eleêmosýnê(13회)가 파생되었습니다. 산상 설교 중 다섯 번째 참행복의 구절에 동사 eleéô에 기원을 둔 형용사와 동사가 섞여 있다는 점이 흥미롭습니다. "행복하여라, 자비로운 사람들eléemones! 그들은 자비를 입을 것이다eleêthésontai."(마태 5,7).

이 동사 eleéô에서 우리는 성 요한 바오로 2세 교황과 프란치스코 교황에게 소중했던 덕목을 깊이 연구할 수 있습니다. 2016년을 자비의 특별 희년으로 선포하는 칙서에서 프란치스코 교황은 세 가지 강렬하고 명확한 정의를 내놓았습니다. "자비는 하느님께서 우리를 만나러 오시는 궁극적인 최고의 행위입니다. 자비는 인생길에서 만나는 형제자매를 진실한 눈으로 바라보는 모든 사람의 마음속에 자리 잡는 근본 법칙입니다. 자비는 하느님과 사람을 이어 주는 길이 되어 우리가 죄인임에도 영원히 사랑받으리라는 희망을 품게 해 줍니다."(「자비의 얼굴Misericordiae Vultus」, 2항).

베네딕토 성인은 「규칙서」에서 '하느님의 자비를 결코 의심하지 말라고'(IV, 74 참조) 권고했습니다. 아우구스티노 성인은 「고백록」에서 하느님께 기도했습니다. "자비의 원천이신 하느님은 찬미와 영광 받으소서! 언제나 저는 더더욱 비참해졌고, 언제나 당신은 더더욱 제게 가까이 다가오셨습니다!"(VI, 16; 26). 또한 만초니가 자신의 소설 『약혼자들Promessi Sposi』에서 루치아의 입으로 세 번이나 무명씨들 앞에서 되풀이한 문장, "하느님께서는 자비의 행위로 모든 것을 용서하십니다!"를 어떻게 잊을 수 있겠습니까? 연민, 동정, 온유, 용서, 이 덕목들은 자비라는 별자리에 동반하는 덕의 별들입니다.

이러한 관점에서 바오로 사도가 하늘의 아버지를 가리켜 "자비

éleos가 풍성하신 하느님"(에페 2,4)이라고 한 아름다운 정의를 이해할 수 있습니다. 히브리인들에게 보낸 서간에서는 그리스도를 '자비로움eleémôn 뿐만 아니라 충실한 대사제'(히브 2,17 참조)로 묘사합니다. 이 주제는 비록 다른 그리스어 동의어가 사용되었더라도, 모든 그리스도인들에게 적용됩니다. "너희 아버지께서 자비하신 것처럼 너희도 자비로운 사람이 되어라."(루카 6,36). '자비'의 그리스어 동의어를 살펴보면서, 다소 어렵지만 의미심장하며, 복음서에 12번이나 등장하는 동사 splanchnízomai[스플랑크니조마이]를 간과할 수 없습니다.

splanchnízomai는 모태, 자궁을 지칭하는 히브리어 유사 명사 raḥamím[라하밈]을 반영한 동사로, 하느님께도 적용되었으며, raḥamím과 같이 모성적 상징을 바탕으로 하고 있습니다. 가령, '되찾은 아들의 비유'에서 이 동사는 집을 뛰쳐나갔다가 회개하고 돌아오는 죄 많은 아들을 멀리서 바라보는 아버지가 느끼는 가엾은 마음을 표현합니다(루카 15,20 참조). 또한 길에서 강도들을 만나 상처를 입고 버려진 사람 앞에서 가엾은 마음이 들었던 착한 사마리아인(루카 10,33 참조)에게도 적용되었습니다.

예수님 자신도 거룩한 지상 여정에서 고통받는 이들을 마주칠 때마다 이와 같은 연민 어린 마음, 즉 '내장 깊숙이 느껴지는' 자비로 고통스러워하셨습니다. 갈릴래아의 나인이라는 마을에서 외아들의 장례를 치르는 과부를 우연히 만나셨을 때(루카 7,13 참조), 당신을 따르며 당신 말씀을 경청하던 배고픈 군중을 보셨을 때(마르 6,34 참조) 그분은 '가엾은 마음'이 드셨습니다. 실제로 예수님께서는 분명하게 고백하셨습니다. "저 군중이 가엾구나splanchnízomai. 벌써 사흘 동안이나 내 곁에 머물렀는데 먹을 것이 없으니 말이다."(마르 8,2). 같은 경험이 예리코의 눈먼 두 사람(마태 20,34 참조)과, 나병 환자(마르 1,41 참조)를 만날 때에도 반복됩니다. 그러므로 이것은 고통받는 이들에 대한 예수님의 일관된 태도를 보여 줍니다.

ἐλπίς
elpís

"믿음과 희망과 사랑, 이 세 가지는 계속됩니다."(1코린 13,13). 바오로 사도의 이 선언은 그리스도교 전통에서 세 가지 '신학적 덕목'을 분류하는 계기가 되었습니다. 이 덕목들은 모두 하느님의 은총에 뿌리를 두고 있으며 신자들의 마음속에 부어졌습니다. 신약성경의 핵심 단어들 중 agápe([아가페], 사랑, 22쪽)는 이미 살펴보았고, 이후 pístis([피스티스], 믿음, 165쪽)를 살펴볼 것입니다. 여기서는 덕의 세 자매 중 둘째인 elpís[엘피스], 곧 '희망'을 소개하고자 합니다. 프랑스 시인 샤를 페기(Charles Péguy, 1873-1914년)가 희망에 헌정한 「두 번째 덕의 신비의 현관」(1911년)이라는 시의 이미지를 연상케 하는 이 둘째 자매는 다른 두 자매를 미래를 향해 앞으로 나아가게 합니다.

둘째 덕은 성경 전체에서 메시아의 미래와 최후의 성취를 향해 펼쳐져 있습니다. 그래서 신약 성경의 마지막 구절은 이렇게 울려 퍼집니다. "성령과 신부가 "오십시오." 하고 말씀하신다. 이 말씀을 듣는 사람도 "오십시오." 하고 말하여라. … 이 일들을 증언하시는 분께서 말씀하십니다. "그렇다, 내가 곧 간다." 아멘. 오십시오, 주 예수님!"(묵시 22,17.20). 이는 그리스도와의 최종 만남과 포옹을 향한, 신뢰에 찬 희망의 기도입니다.

물론, 욥의 고백에서도 알 수 있듯이 역사의 여정은 종종 절망으로 치닫습니다. "나의 나날은 베틀의 북보다 빠르게 희망도 없이 사라져 가는구려. … 도대체 어디에 내 희망이 있으리오? 나의 희망? 누가 그것을 볼 수 있으리오?"(욥 7,6; 17,15). 그러나 신앙인은 충만한 구원의 목표를 향해 눈을 높이 들고, 용기 있게 앞으로 나아가야 합니다. 성 베드로가 첫째 서간에서 "여러분이 지닌 희망에 관하여 누가 물어도 대답할 수 있도록 언제나 준비해 두십시오."(1베드 3,15)라고 조언한 것처럼 준비되어 있어야 합니다.

바오로 사도가 마음속 신뢰를 핵심으로 삼은 이 덕을 묘사하기 위해 두 개의 서로 다른 그리스어 단어를 사용한 데에는 그만한 이유가 있습니다. 먼저, 전형적인 단어 elpís는 53회 등장하는데, 이와 관련된 동사 'elpízô희망하다'가 신약 성경에 31회 연계해 등장합니다. 다음으로 32회 등장하는 단어 hypomoné[휘포모네]는 짊어져야 하는 짐을 지고 '아래에 머물다'라는 의미입니다. 이는 짐을 내려놓기 위한 멈춤의 순간이 오면 하늘이 빛을 발하며 갈라질 것이라는 확신을 갖고 어두운 하늘 아래 머물러 있다는 의미를 담고 있습니다. 그러므로 아무것도 할 수 없는 어두운 역사 안에서도, 끈기를 갖고 인내하며 앞으로 나아갈 때 비로소 희망의 다른 얼굴을 볼 수 있습니다.

그렇다면 희망은 환상이 아니라 인내하는 것입니다. 바오로 사도는 희망을 다른 덕들, 곧 "믿음의 행위와 사랑의 노고와 우리 주 예수 그리스도에 대한 희망의 인내"(1테살 1,3)와 연관 짓습니다. 그 바탕에는 우리를 지탱해 주시고, 세상의 불의한 구조들에 맞서 싸울 수 있게 해 주시는 하느님의 은총이 있습니다. 희망은 젊고 활기찬 덕목이지만, 기다림과 인내와 연결되어 있습니다. 이와 관련해 가라지의 비유(마태 13,24-30)가 좋은 교훈을 전해 줍니다.

인간의 역사는 밀과 가라지, 즉 선과 악이 함께 자라는 밭과도 같습니다. 분노에 대한 유혹은 가라지뿐만 아니라 밀까지 함께 파괴할 정도로 강력합니다. 이와 달리 희망은 하느님께서 몸소 올바른 판단으로 개입하실 때를 기다리는 조용하고 차분한 강인함입니다. 신앙인들은 무기력하게 머물러 있거나 용기를 잃지 않으며, 맹목적으로 반응하지도 않습니다. "주님 앞에 고요히 머물며 그분을 고대하여라. 제 길에서 성공을 거두는 자 때문에, 음모를 실행에 옮기는 사람 때문에 격분하지 마라. … 당신 말씀에 희망을 둡니다."(시편 37,7; 119.81).

마침내 위대한 희망의 날, 그리스도와 우리의 파스카, 곧 최고의 희망의 책 요한 묵시록의 마지막 부분에서 노래하는 저 충만한 구원이 다가올 것입니다. 그렇기 때문에 "희망의 하느님께서 여러분을 믿음에서 얻는 모든 기쁨과 평화로 채워 주시어, 여러분의 희망이 성령의 힘으로 넘치기를 바랍니다."(로마 15,13). 이것이 바로 우리 그리스도인들이 "믿음 덕분에, 우리는 그리스도를 통하여 우리가 서 있는 이 은총 속으로 들어올 수 있게 되었습니다. 그리고 하느님의 영광에 참여하리라는 희망을 자랑으로 여깁니다. 그뿐만 아니라 우리는 환난도 자랑으로 여깁니다. 우리가 알고 있듯이, 환난은 인내를 자아내고 인내는 수양을, 수양은 희망을 자아냅니다. 그리고 희망은 우리를 부끄럽게 하지 않습니다."(로마 5,2-5)라고 말하는 이유입니다.

ἔργον / σημεῖον

érgon / sêméion

예수님의 기적 이야기에 대한 흥미로운 통계 자료가 있습니다. 마르코 복음서 본문 전체인 666절 중 31%인 209절이 예수님의 기적 이야기로 채워져 있으며, 그리스도의 공생활에서만 추린다면 그 비율은 47%까지 올라갑니다. 그러나 기적 사건들은 창조와 인간 역사에 하느님께서 직접 개입하신 표지로 성경 전반에 퍼져 있습니다. 많은 경우 자연적 원인이나 또는 매개 원인이 있다 해도, 가령 이스라엘이 홍해 바다를 건넌 사건(탈출 14-15장 참조)의 경우, 성경에서 '갈대 바다'라 부르는 해안 지역의 조류 흐름에서 원인을 찾는다 하더라도, 하느님께서 직접 기적을 일으키신 것이라는 고대의 시각이 작품에 깊이 반영되어 있습니다.

또한 질병을 악마의 행위로 이해하려는 경향이 있어, 몇몇 기적들을 마귀를 내쫓는 구마로 한정해 그 이상의 차원을 축소하기도 합니다. 그러나 기적, 특히 예수님의 이야기에서 기적은 적대자들조차도 인정한 것으로, 토론의 여지가 없습니다(마르 6,22-30 참조). 복음서는 자연법칙을 초월하는 이러한 사건들을 복합적 단어들로 정의합니다. 그 단어들에는 모두를 놀라게 하는 '이적들'(라틴어 miraculum과 같은 가치를 지니며, '놀라서 탄복하다'를 전제한다.)을 뜻하는 térata(16회 사용), 그리스도 안에서 계시되는 하느님의 권능 행위를 의미하는 dynámeis(119회 사용), 특히 초월적인 '일들'(그러나 때로는 일반적인 의미의 '행위' 혹은 '사실')을 뜻하는 érga(169회 사용), 그리고 '표징들'이라는 의미의 sêméia(77회 사용)가 있습니다.

바로 이 마지막 단어는 요한에게 중요한데, 기적의 참된 기능을 나타내는 데 의미가 있습니다. 기적은 단순히 화려하거나 선동적이며 마술적이고 선전적 행위가 아닙니다. 오히려 기적은 행동으로 표현된 메시지라 할 수 있습니다. 그래서 예수님께서는 자주 '군중과 떨어져' 기적을 행하셨으며, 기적의 혜택을 받은 이들에게 그 소식을 퍼트리지 말라고 경고하셨습니다.

이 밖에도 다른 단어 érgon([에르곤], 초월적 일)은 세상에 구원이 성취되도록 아드님 안에서 '활동하시는' 하느님 아버지의 행위를 의미합니다. 예수님께서는 벳자타 못가에서 병자를 치유하신 후, 이러한 일들이 "아버지께서 나에게 완수하도록 맡기신 일들이다.

그래서 내가 하고 있는 일들이 나를 위하여 증언한다. 아버지께서 나를 보내셨다는 것이다."(요한 5,36)라고 고백하셨습니다.

그러므로 복음서 저자들에게 그리스도의 기적은 그분의 신성을 나타내는 표징이거나, 주님이시며 구원자이신 그분의 신비를 드러내는 묘사입니다. 그것은 구원과 속량을 효과적으로 표현한 것이며, 바로 '표징'으로서 초월적이고 더 높은 의미를 가리키는 지표이지, 단순한 치유나 감각적 행위가 아닙니다. 기적은 그리스도의 말씀과 손으로 '행하시는' 하느님의 개입이며, 따라서 믿음을 요구합니다. "내가 내 아버지의 이름으로 하는 일들이 나를 증언한다. 그러나 너희는 믿지 않는다. 너희가 내 양이 아니기 때문이다."(요한 10,25-26).

이러한 이유로 복음서들은 외경의 다른 기적 이야기들처럼 민속적이고 과장된 서술을 하지 않고, 비교적 절제된 태도로 '무슨 일이 일어났는가'보다는 예수님의 행위가 '무엇을 의미하는가'에 더 주의를 기울입니다. 이러한 관점에서 복음서는 예수님의 행위 안에 담긴 악으로부터의 해방이라는 신비로운 내적 차원을 드러내려 합니다. 즉, 그 사건 안에서 마치 축소된 상징처럼 악과 사탄에 대한 승리, 그리고 하느님 나라의 침투라는 그리스도의 보편적인 구원 업적 전체를 상징적으로 보여 주는 것입니다.

따라서 기적 이야기에 대한 역사적 분석은 최대한 '비범한 현상'으로서 그 사건을 기록하고, 그 사실의 역사적 합법성만 입증할 뿐, 그 사건의 '기적성'은 절대로 단언할 수 없습니다. 그것은 신학적 지평과 믿음의 경험에 속하는 것이며, 믿음을 강요하려는 것이 아닌, 자연과 역사의 주님께 더 가까이 다가가게 하는 목적을 지니고 있습니다. 기적의 목표는 종교나 한 인물의 위상을 드러내는 데 있는 것이 아니라, 개인의 회개와 믿음 그리고 악으로부터의 해방에 있습니다.

ἔσχατος
éschatos

신학적 언어 속에는 역사와 피조물의 궁극적 목표, 곧 마지막 의미와 목적을 정의할 때 오랫동안 사용되어 온 단어가 있습니다. 바로 '종말론eschatology'입니다. 종말론의 어원은 그리스어 형용사 éschatos[에스카토스]입니다. '마지막의, 종말의'라는 뜻을 지닌 éschatos는 신약 성경에서 52회 사용되었으며, 요한 묵시록에서도 예고했듯이(묵시 21,1 참조), 하느님께서 "새 하늘과 새 땅"을 창조하시기 위해 인간의 역사를 마감하고 영광스럽게 오시는 것을 정의합니다.

복음서 안에서 이 형용사는 예수님의 유명한 격언을 통해 더욱 깊은 의미로 드러납니다. "첫째가 꼴찌éschatoi 되고 꼴찌가 첫째 되는 이들이 많을 것이다."(마르 10,31). 마리아의 노래 '마니피캇

Magnificat'에서 단언했듯, 이는 비천한 이들을 높이시고, 굶주린 이들을 배불리시며, 교만한 자들과 통치자들, 부유한 자들의 운명을 뒤집으심으로써(루카 1,51-53 참조) 인간의 가치와 운명의 척도를 전복하시는 것입니다. 이와 같은 전복은 마태오 복음서 25장에 묘사된 장엄한 최후 심판의 장면에서도 일어나게 됩니다.

그러나 겸손과 정의에 따른 운명의 변혁이라는 이 법은 예수님의 관점에서는 교회나 사회 그리고 현재의 삶에도 그대로 적용됩니다. 높은 자리를 차지하기 위해 논쟁하는 제자들에게 예수님께서는 "누구든지 첫째가 되려면, 모든 이의 꼴찌가 되고 모든 이의 종이 되어야 한다."(마르 9,35)라는 사실을 상기시켜 주십니다. 혼인 잔치에 초대를 받아 식탁의 자리를 지정하는 비유를 통해서도 예수님께서는 공적인 처신에서 동일한 선택을 제안하십니다.

복음서의 이야기는 이렇게 전해집니다. "누가 너를 혼인 잔치에 초대하거든 윗자리에 앉지 마라. 너보다 귀한 이가 초대를 받았을 경우, 너와 그 사람을 초대한 이가 너에게 와서, '이분에게 자리를 내드리게.' 할지도 모른다. 그러면 너는 부끄러워하며 끝자리로 물러앉게 될 것이다. 초대를 받거든 끝자리에 가서 앉아라. 그러면 너를 초대한 이가 너에게 와서, '여보게, 더 앞 자리로 올라앉게.' 할 것이다. 그때에 너는 함께 앉아 있는 모든 사람 앞에서 영광스럽게 될 것이다. 누구든지 자신을 높이는 이는 낮아지고 자신을 낮추는 이는 높아질 것이다."(루카 14,8-11).

바오로 사도는 자신이 사도들 가운데 가장 마지막 사람임을 인정했습니다. 그는 이렇게 고백합니다. "(부활하신 그리스도께서) 맨 마지막으로는 칠삭둥이 같은 나에게도 나타나셨습니다. 사실 나는 사도들 가운데 가장 보잘것없는 자로서, 사도라고 불릴 자격조차 없는 몸입니다. 하느님의 교회를 박해하였기 때문입니다."(1코린 15,8-9). 그러나 바오로는 이러한 개인적인 고백을 넘어, '마지막'이라는 표현에 개인적 의미뿐 아니라 종말론적 의미도 부여합니다. 그는 부활하신 그리스도께서 "마지막 아담"이시고, 완전한 인간이시며, "생명을 주는 영"(1코린 15,45)이시라고 주장하고, 악과 죽음에 대한 그분의 권한을 드높이면서 자신의 시선을 확장합니다. "하느님께서 모든 원수를 그리스도의 발아래 잡아다 놓으실 때까지는 그리스도께서 다스리셔야 합니다. **마지막으로** 파멸되어야 하는 원수는 죽음입니다."(1코린 15,25-26).

바오로는 또한 인류의 궁극적 목적지, 곧 종말의 순간을 상징적으로 그려 내기를 즐겨 합니다. 그는 인류를 심판으로 불러 모으는 "마지막 나팔 소리"를 소개합니다(1테살 4,16 참조). 그렇게 "마지막 날"이 열릴 것입니다. 요한 복음서에서도 자주 사용되는 이 표현은(요한 6,39.40.44.54; 11,24; 12,48), 전통적 언어로는 '가장 마지막 것들 Novissimi'이라 불리는 것을 묘사하기 위한 표현이며, 여기서 이 '새로움'이라는 개념은 충만함과 결정적 변화의 개념을 포함합니다.

이 장엄한 장면에 그리스도께서 일어서 계십니다. 그분은 요한 묵시록에서 여러 차례 당신을 드러내십니다. "나는 처음이며 마지막이고 살아 있는 자다. 나는 죽었었지만, 보라, 영원무궁토록 살아 있다. 나는 죽음과 저승의 열쇠를 쥐고 있다. … 나는 알파이며 오메가이고 처음이며 마지막이고 시작이며 마침이다."(묵시 1,17-18; 22,13). 이는 마치 몬레알레Monreale 주교좌 성당의 후진apse에 있는, 수난의 흔적을 지니셨음에도 영광스러우시고, 악과 죽음에 승리하신 전능하신Pantokrátor 그리스도를 묵상하는 것과 같습니다.

εὐαγγέλιον

euanghélion

로마에 있는 산 루이지 데이 프란체시 성당 내부의 왼쪽에서 다섯 번째 경당인 콘타렐리 가문의 경당에는 카라바조가 마태오 복음서의 저자에게 1599년과 1602년 사이에 헌정한 세 점의 그림이 있습니다. 제대 양쪽 벽면에는 사도의 '부르심'을 그린 유명한 장면과 순교의 장면을 담은 그림이 걸려 있습니다. 그러나 우리는 그 그림들 대신, 날아가는 천사가 등장하는 제단화 앞에 멈춰 서서 바라봅시다. 천사는 손가락으로 호기심을 불러일으키는 표시를 한 채 마태오가 자신 앞의 소박한 탁자 위에 놓인 책에 기록해야 할 주제들을 강조하고 있습니다. 사도는 얼굴을 돌려 천사를 똑바로 바라보며, 마치 받아쓰기라도 하는 듯한 자세로 글을 쓰려는 순간을 보여 줍니다.

우리는 이 상징적 이미지를 통해, 잘 알려진 그리스어 단어 euanghélion[에우앙겔리온], '복음'을 표현할 수 있습니다. 이 단어를 자세히 살펴보겠습니다. 신약 성경에 76회 울려 퍼지는 euanghélion과 연관된 동사 euanghélizô는 54회 등장합니다. 그러나 '복음사가, 복음 선포자'를 의미하는 단어 euanghelistés는 단 세 번만 나옵니다. 이 세 단어의 바탕에는 '잘, 좋은'을 의미하는 부사 eu와 '사자使者, 예고자'를 의미하는 그리스어 anghélos가 있습니다. '복음evangelo'이라는 말은 이미 이교 세계에서도 사용되던 용어로, 어떤 사건이나 황제의 조치가 가져오는 좋은 소식, 곧 세금 감면과 같은 물질적 혜택을 약속하는 기쁜 소식을 의미했습니다.

실제로 소아시아 프리에네에서 발견된 기원전 9년의 것으로 보이는 그리스어 비문碑文 중, 아우구스투스 황제의 탄생일에 관한 구절에서 이를 확인할 수 있습니다. "신(아우구스투스)의 탄생일은 세상에 기쁜 소식euanghéliôn의 시작이었다." 그러나 그리스도교에서 본질적으로 중요한 것은, 예수님께서 고향 나자렛 회당에서 이사야서의 한 구절을 읽고 그것을 자신에게 적용하신 행위와 그 의미입니다. 그리스도께서 세상에 오신 것과 그분의 말씀은 세상의 가난한 이들, 비천한 이들, 꼴찌들에게 구원을 가져다주는 역할을 합니다. 이러한 관점에서 '복음'이라는 단어는 마르코 복음사가가 붙인 "하느님의 아드님 예수 그리스도의 복음의 시작."(마르 1,1)이라는 제목이 보여 주듯, 그리스도의 말씀과 행위를 보존하고 있는 네 권의 복음서에 부여될 것입니다.

이 구절에서 우리는 그리스도교의 '기쁜 소식'의 주요 내용을 명백하게 이해할 수 있습니다. 곧 기쁜 소식은 예수 그리스도의 인격과 그분께서 가져오신 구원, 곧 하느님의 나라를 선포하는 것입니다. 이는 하느님께서 마련하신 해방, 진리, 정의, 사랑의 계획을 의미합니다. 그러므로 참된 의미에서의 '복음'은 곧 나자렛 사람 예수님 자신임을 깨닫게 됩니다. 예수님은 역사적 인간이시면서도 하느님의 아드님이시며, 구체적 행위와 말씀을 통해 초월적 지평을 여시고 하느님의 메시지를 드러내셨기 때문입니다. 바오로 사도는 '복음'이라는 단어를 무엇보다 강조했습니다. 이 단어가 인용된 76회 중, 무려 60회가 바오로 서간에서 인용되었다는 점을 생각해 보십시오.

바오로는 '하느님의 복음', '그리스도의 복음', '하느님의 아들의 복음'에 대해 언급합니다. 그 선포의 핵심이 바로 다음 구절과 같기 때문입니다. "당신 아드님에 관한 말씀입니다. 그분께서는 육으로는 다윗의 후손으로 태어나셨고, 거룩한 영으로는 죽은 이들 가운데에서 부활하시어, 힘을 지니신 하느님의 아드님으로 확인되신 우리 주 예수 그리스도이십니다."(로마 1,3-4). 그러므로 복음은 하나의 이론이 아니라, 인간과 하느님, 역사와 영원, 공간과 무한,

죽음과 부활을 하나로 일치시키는 사건에 관한 것입니다. 복음은 인간의 종교적 제안이 아닌, 하느님의 계시입니다. "내가 전한 복음은 사람에게서 비롯된 것이 아닙니다. 그 복음은 내가 어떤 사람에게서 받은 것도 아니고 배운 것도 아닙니다. 오직 예수 그리스도의 계시를 통하여 받은 것입니다."(갈라 1,11-12).

그러므로 우리는 하느님의 말씀인 복음에 '순종'해야 하고, 코린토(2코린 11,4 참조)와 갈라티아 교회(갈라 1,6 참조)에서 벌어진 일처럼, 그 진리의 본질을 왜곡하지 않도록 늘 주의해야 합니다. 이는 우리를 언제나 호시탐탐 노리는 큰 위협이기에, 바오로 사도가 "나는 복음을 위하여 이 모든 일을 합니다."(1코린 9,23)라고 자기 삶으로 고백한 것처럼, 우리도 복음의 전파를 위해 순수하고 절대적인 충실함과 아낌없는 헌신을 다해야 합니다. 또한 예수님께서 걸어가신 길을 따라 제자들 역시 "도시와 마을을 두루 다니며, 하느님의 나라를 선포하고 그 복음을"(루카 8,1 참조) 전해야 합니다.

θάνατος/νεκρός

thánatos / nekrós

오늘날 현대 문화에서 죽음은 마치 쫓아내듯 외면되는 현실이지만, 그럼에도 전쟁과 자연재해, 사고, 그리고 우리가 경험한 코로나 팬데믹 등을 통해, 거스를 수 없이 모든 이의 주의를 끌며 모습을 드러냅니다. '죽음'을 의미하는 이탈리아어 단어 morte는 삶의 마지막을 의미하는 인도 · 유럽어 어근 mrti에서 파생되었습니다. 이 어근은 라틴어로 유입되어 독일어 mord와 '살인, 타살'을 의미하는 영어 murder로 전해졌습니다.

그러나 그리스어에서는 thánatos[타나토스]라는 단어로 나타납니다. 신약 성경에도 120회 나오는 이 단어는 '안락사'라는 의미의 단어 eutanasia에서도 등장합니다. "너는 반드시 죽을 것이다."(창세 2,17), 이는 성경의 첫 장부터 울려 퍼지는 냉혹한 경고입니다. 육체적 죽음은 하느님처럼 영원하지 않은 생명체의 한계를 나타내는 표지이며, 죄나 불행, 고독, 빈곤, 폭력의 죽음을 가리키는 상징입니다. 겟세마니에서 죽음에 직면하신 예수님께서는 우리 모두를 짓누르는 그 무서운 고통과 불안 속에서 "아버지, 하실 수만 있으시면 이 잔이 저를 비켜 가게 해 주십시오."(마태 26,39)라고 간구하셨습니다.

또한 그분의 죽음은 가혹하고 고독했습니다. "저의 하느님, 저의 하느님, 어찌하여 저를 버리셨습니까?"(마태 27,46). 그러나 죽음이야말로 인류 전체가 공유하는 공통의 증명이기에, 그분이 우리 형제이심이 온전히 드러납니다. 마르코 복음사가는 "예수님께서는 큰 소리를 지르시고 숨을 거두셨다."(마르 15,37)라고 기록했고, 마태오 복음사가도 이를 기록했지만(마태 27,50 참조), 루카 복음사가는 "예수님께서 큰 소리로 외치셨다. "아버지, '제 영을 아버지 손에 맡깁니다.'" 이 말씀을 하시고 숨을 거두셨다."(루카 23,46)라고 더욱 정확하게 기록을 남겼습니다.

그러나 골고타에서의 장면은 막을 내리지 않았습니다. 신약 성경에는 '죽은 이들 가운데서의 부활'이라는 표현도 등장합니다. 이를 위해 thánatos를 이은 또 다른 그리스어 단어 nekrós[네크로스], '사자死者, 죽은 이'를 이어서 소개합니다. 성경에 128회 나오는 nekrós는 '부고necrologio'라는 단어에서도 그 흔적을 찾을 수 있습니다. 그리스도의 파스카와 더불어 삶과 죽음 사이의 결투는 예기치 못한 결말에 도달합니다. ""승리가 죽음을 삼켜 버렸다. 죽음아, 너의 승리가 어디 있느냐? 죽음아, 너의 독침이 어디 있느냐?" 죽음의 독침은 죄이며 죄의 힘은 율법입니다. 우리 주 예수 그리스도를 통하여 우리에게 승리를 주시는 하느님께 감사드립시다."(1코린 15,54-57). 그리스도께서는 우리의 육체적 · 영적 죽음의 현실 안으로 들어오심으로써 그 죽음을 깨뜨리고, 그 안에 영원의 씨앗을 심어 주셨습니다. 바오로 사도의 유명한 비유에 따르면, 그분은 죽은 이들과 부활할 이들의 "만물"(1코린 15,20)이십니다.

그러므로 희망하고 기다리는 예루살렘의 시민들에게는 성경의 마지막 책인 요한 묵시록의 21장이 그려 보이듯, 죽음이 영원히 사라질 것입니다. "하느님 친히 그들의 하느님으로서 그들과 함께 계시고 그들의 눈에서 모든 눈물을 닦아 주실 것이다. 다시는 죽음이 없고 다시는 슬픔도 울부짖음도 괴로움도 없을 것이다. 이전 것들이 사라져 버렸기 때문이다."(묵시 21,3-4). 그리고 우리는 사랑과 영원의 친교 안에서 "늘 주님과 함께 있을 것입니다."(1테살 4,17).

이슬람 세계에서도 유명한 유다인 전승 가운데, 우리 신앙의 조상 아브라함의 죽음을 다룬 이야기가 다음과 같이 전해집니다. "죽음의 천사가 아브라함의 영혼을 거두기 위해 왔을 때 아브라함이 이렇게 말했다. "당신은 친구가 친구의 죽음을 바라는 것을 보셨습니까?" 그러자 주님께서 아브라함에게 친히 말씀하셨다. "너는 사랑하는 사람과의 만남을 거부하는 연인을 보았느냐?" 그러자 아브라함이 말했다. "죽음의 천사여, 저를 데려가십시오.""

THEÓS 테오스: 하느님
CHRISTÓS 크리스토스: 그리스도

θεός / Χριστός

Theós / Christós

단테는 『신곡』의 「천국 편」 제24곡에서 베드로 성인에게 자신의 신앙을 고백할 때, 창조주 하느님을 "온 하늘을 아니 움직이시는 채 움직이시는 분, 사랑과 갈망으로."(131-132절)라고 정의합니다. 이 문장에서 그는 신성을 "아니 움직이시는 채 움직이시는 분move, non moto"으로 간주하는 아리스토텔레스 철학에, "사랑과 갈망으로con amore e disio"라는 말을 덧붙여 하느님을 사랑하시는 인격체로 이해하는 그리스도교적 관점과 결합합니다. 사실 성경은 엄밀한 의미에서 '신학', 즉 하느님에 관한 조직적이고 이론적인 담론을 제시하지 않습니다. 단테의 말을 빌리자면, 성경은 "이러한 신앙에 대한 물리적 또는 형이상학적 증명"(133-134절)으로 하느님의 본질을 설명하지 않습니다.

성경, 단테에 의하면 “모세, 예언서, 시편, 복음서”는 인간의 언어로 당신 자신을 드러내시고, 역사 안에서 활동하시며, 도덕법에 따라 심판하시고, 구원하시는 인격체이신 하느님을 제시합니다. 그러므로 성경의 하느님은 추상적이거나 신화적 존재가 아니시며, 불가해하고 무분별한 숙명도, 단순한 형이상학적 개념도 아니십니다. 그래서 구약 성경에서 하느님은 6,823회나 언급되는 고유한 이름 Jahweh로 불리십니다. 물론 하느님은 자연과 혼동되지 않기 때문에 초월적인 하느님이십니다. 그러나 인간 역사와 창조 자체에서 말씀과 행위로 활동하십니다.

이렇게 신약 성경의 ‘하느님’, Theós[테오스]의 윤곽이 드러납니다. 이 그리스어 단어는 신약 성경에서 1,317회나 울려 퍼지며, “하느님은 사랑이십니다.”(1요한 4,16)라는 유명한 구절로 하느님에 대한 최고의 정의를 표현합니다. 그 사랑은 성령으로 탄생한 아들에게서 드러나는 신적 사랑이며, 창조와 구원으로 외부로 퍼져 나가, 아들의 강생으로 절정에 이르는 사랑입니다. “하느님께서는 세상을 너무나 사랑하신 나머지 외아들을 내주셨습니다.”(요한 3,16 참조). 하느님의 궁극적인 목표는 인간과 우주가 충만한 조화를 이루었을 때 실현될 것이며, 그리하여 “하느님께서는 모든 것 안에서 모든 것이 되실 것입니다.”(1코린 15,28).

바오로의 이 구절은 콜로새 신자들에게 보낸 서간에서도 나타납니다. “그리스도만이 모든 것이며 모든 것 안에 계십니다.”(콜로 3,11). 그러므로 Theós라는 단어에 ‘그리스도교적’이라는 단어가 덧붙는 것은 자연스럽습니다. 이 단어의 기원은 구약 성경에서 찾을 수 있습니다. 529회 사용된 Christós[크리스토스]는 히브리어 mashiaḥ, ‘메시아’의 그리스어 번역으로, 직역하면 ‘축성된, 기름 부음받은’ 이란 뜻입니다. 그 바탕에는 ‘기름 붓다’라는 의미의 그리스어 동사 chríô가 있습니다. 이 동사는 임금과 사제 그리고 메시아의 축성을 표현합니다. 그러므로 이는 메시아를 향한 이스라엘의 기대와 연관이 있으며, 이러한 관점에서 예언과 그리스도론 사이의 연결 고리가 설정된 것입니다.

사실, 신약 성경의 예수님은 성경 속 이스라엘이 바라고 고대한 메시아(그리스도)로 보였으며, 그를 믿는 이들을 “그리스도인”(사도 11,26)이라 불렀습니다. 사도행전에서는 이 명칭이 안티오키아에서 처음 등장했다고 밝힙니다. 베드로의 첫째 서간에 의하면 신약 성경에 단 세 번 나오는 칭호 christianós는 영광스러운 속성으로 자리 잡았습니다. “그리스도인으로서 고난을 겪으면 부끄러워하지 말고, 오히려 그 이름으로 하느님을 찬양하십시오.”(1베드 4,16).

그렇지만 성경적 메시아주의의 지속이 그리스도교의 다양성을 없애서는 안 된다는 것을 유념해야 합니다. 예수 그리스도는 세례를 받으실 때에도, 거룩한 모습으로 변화하실 때에도 하느님께서

"이는 내가 사랑하는 아들, 내 마음에 드는 아들"(마태 3,17; 17,5)이라고 선포하셨기 때문입니다. 달리 말해서 신약 성경의 신앙 고백은 그 중심에 메시아의 신성을 갖고 있지만, 유다교에서의 메시아는 최고의 존재임에도 여전히 인간이라는 피조물에 머뭅니다.

KÊRÝSSÔ 케뤼쏘: 예고하다, 선포하다, 설교하다
KÊRYGMA 케뤼그마: 예고, 선포, 설교

κηρύσσω / κήρυγμα

kêrýssô / kêrygma

"나는 이 복음을 위하여 선포자와 사도와 스승으로 임명을 받았습니다."(2티모 1,11). 바오로 사도는 제자 티모테오에게 보낸 서간에서 자신을 이렇게 규정했습니다. 이때 그가 자신의 사명을 가리키기 위해 사용한 첫 번째 단어는 그리스어 kêryx 곧 '사자, 선포자'입니다. 여기서는 kêryx가 파생된 동사 kêrýssô[케뤼쏘]와, 아마 많은 독자가 사제에게서 들어본 적이 있을 kêrygma([케뤼그마], 예고, 선포)에 대해 다루고자 합니다.

kêrýssô는 그리스도교의 메시지를 알지 못하는 군중에게 이를 전하는 행위를 뜻합니다. 이 중요한 동사는 61회 울려 퍼지며, 특히 공관 복음서(마태오, 마르코, 루카 복음서)에 많이 나오지만, 바오로 사도 역시 가장 이른 시기에 저술한 서간에서 자신의 사명을 "하

느님의 복음을 여러분에게 선포하는kêrýssô"(1테살 2,9 참조) 것이라 선언하면서 이 동사를 사용했습니다.

흥미로운 점은 예수님께서 공생활에 들어가시자마자 이 동사가 적용되었다는 점입니다. "그때부터 예수님께서는 "회개하여라. 하늘 나라가 가까이 왔다." 하고 선포하기kêrýssô 시작하셨다."(마태 4,17). 이 선포는 명백히 회개라는 인간의 과제와, 정의와 구원의 나라로 돌연히 나타나는 하느님의 활동이라는 두 요소를 결합하고 있습니다. 마르코 복음서에는 이미 예수님의 이 첫 번째 설교가 간결하게 제시되며, 많은 설교자와 달리 그 본보기적 간결함 속에 신적 요소와 인간적 요소 두 가지가 모두 담겨 있습니다. "예수님께서는 갈릴래아에 가시어, 하느님의 복음을 선포하시며kêrýssô 이렇게 말씀하셨다. "때가 차서 하느님의 나라가 가까이 왔다. 회개하고 복음을 믿어라.""(마르 1,14-15).

루카 복음서에서 부활하신 그리스도께서 당신 제자들에게 하신 마지막 말씀에도 이 동사가 반영된 것 또한 의미심장합니다. "죄의 용서를 위한 회개가 그의 이름으로 모든 민족들에게 선포되어야kêrýssô 한다."(루카 24,47). 이 책에서 제시하고자 하는 상징적 장면도 세 번째 복음서, 곧 루카 복음서에 나오며, 배경은 그분의 고향 나자렛의 소박한 회당입니다. 오늘날 그곳은 장방형에 가까운 구조의 건물로, 1741년 이후 교회로 바뀌었으며, 그 기원은 중세 십자군 시대로 거슬러 올라갑니다. 이 성소는 아랍어로 Madrasat al-Masiḥ, 즉 '메시아 학교'라고 불립니다.

실제로 예수님께서는 공생활을 시작한 초기에 안식일 예배 중 그 회당에 들어가, 공개적으로 성경을 읽도록 초대받으셨습니다. 그날의 '성경 전례'는 이사야 예언자의 자전적 구절(이사 61,1-2) 묵상이었습니다. "주님께서 나에게 기름을 부어 주시니 주님의 영이 내 위에 내리셨다. 주님께서 나를 보내시어 가난한 이들에게 기쁜 소식(그리스어로 '복음')을 전하고 잡혀간 이들에게 해방을 선포하며kêrýssô 눈먼 이들을 다시 보게 하고 억압받는 이들을 해방시켜 내보내며 주님의 은혜로운 해를 선포하게kêrýssô 하셨다."(루카 4,18-19). 이 말씀을 낭송하신 후, 예수님께서는 짧은 '설교'를 하셨습니다. "오늘 이 성경 말씀이 너희가 듣는 가운데에서 이루어졌다."(루카 4,21).

한편, 이 구절에서는 교회의 근본적 행위인 선포kêrýssô와 복음 전파 사이의 연결이 드러납니다. 바오로는 더 나아가 이렇게 주장합니다. "그리스도께서는 세례를 주라고 나를 보내신 것이 아니라 복음을 전하라고 보내셨습니다."(1코린 1,17). 다른 한편으로 kêrygma의 메시지인 해방과 구원과 사랑, 곧 그리스도와 그분 제자들이 선포하는 내용이 명백하게 드러납니다. 이것이 바로 우리 공동체가 감당해야 할 책임이자 사목 활동이며 증언입니다. 바오로 사도가 제자 티모테오에게 "말씀을 선포하십시오."(2티모 4,2)라고 당부했듯이, 이제 우리가 배워서 알게 된 동사 kêrýssô와 명사 kêrygma는 하나의 기치이며 구호여야 합니다. 개인적인 이야기지만, 저는 바오로 사도의 이 당부를 제 사목 표어로 삼았습니다.

κοινωνία

koinônía

로마의 카타콤, 예를 들면 아피아 가도에 있는 산 세바스티아노 카타콤에서는 학자들이 '사도들의 일치concordia apostolorum'라고 부르는 특별한 모습을 쉽게 접할 수 있습니다. 베드로와 바오로 사도가 서로 포옹하고 있거나, 얼굴을 맞대고 있는 모습의 이미지입니다. 이 이미지는 두 사도가 순교하기 전에 서로 만났다는 기록이 담긴 몇몇 외경의 본문에서 유래했을 것으로 추정됩니다. 이방인들이 교회에 들어오는 문제를 두고 두 사도는 논쟁을 벌였으나 화해했다고 전해집니다(갈라 2장 참조).

이제 이 포옹 장면은 많은 그리스도인들이 익히 알고 있는 koinônía[코이노니아]를 상징하는 이미지로 받아들일 수 있습니다. 이 단어는 '형제적 친교, 공동체 생활, 나눔, 참여, 연대' 등을 의미합니다. 이 주제는 프란치스코 교황의 회칙 「모든 형제들Fratelli tutti」에서 강조되었습니다. 이 단어는 신약 성경에 19회 등장하며, 형용사 koinós와 같이 동일한 어근을 가진 다른 그리스어 단어들과 연결되어, 재산과 삶을 공유하고, 함께 나누며, 모두에게 공통된 것을 나타냅니다.

이미 강조했듯, 초기 예루살렘 교회를 지탱하는 네 가지 상징적 기둥 중 하나가 바로 koinônía였습니다. "그들은 사도들의 가르침을 받고 친교koinônía를 이루며 빵을 떼어 나누고(성찬례) 기도하는 일에 전념하였다."(사도 2,42). 이러한 친교는 다음과 같이 구체적으로 표현되었습니다. "신자들은 모두 함께 지내며 모든 것을 공동으로koiná 소유하였다. 그리고 재산과 재물을 팔아 모든 사람에게 저마다 필요한 대로 나누어 주곤 하였다."(사도 2,44-45; 5,1-11 참조).

그러나 이러한 일종의 그리스도교적 공산주의comunismo는 단순히 사회적 기반만을 가진 것은 아니었습니다. 이미 살펴보았듯이, 바오로 사도는 예루살렘의 가난한 교회를 돕기 위해 부유한 교회들에게 특별히 헌금 활동을 강조했습니다. 이는 코린토 신자들에게 보낸 둘째 서간의 8장과 9장에서도 충분히 드러납니다. 활력이 넘치고 열정적인 이 본문은 주의 깊게 읽을 가치가 충분합니다. 그러나 그리스도교의 친교koinônía는 더 높고 초월적인 차원, 곧 신앙인을 하느님과 그리스도께 일치시키는 차원을 지니고 있습니다.

그러므로 신약 성경의 몇몇 중요한 구절들을 언급하고자 합니다. 요한 사도는 그의 첫째 서간에서 그리스도인들을 초대하며 "여러분도 우리와 친교koinônía를 나누게 하려는 것입니다. 우리의 친교koinônía는 아버지와 또 그 아드님이신 예수 그리스도와 나누는 것입니다."(1요한 1,3)라고 말합니다. 이와 같은 맥락에서 바오로 사도는 그리스도의 "고난에 동참하는koinônía 법"(필리 3,10)으로 초대합니다. 그렇게 함으로써 우리는 베드로도 자신의 첫째 서간에서 똑같이 말했듯이, 부활하신 분의 "영광에 동참할koinonós"(1베드 5,1) 것이기 때문입니다.

그리스도와의 생생한 만남은 그리스도교 전통에서 오늘날까지도 여전히 '친교Comunione'라고 부르는 성찬의 전례 안에서 실현됩니다. 바오로 사도는 코린토 신자들에게 보낸 첫째 서간의 유명한 본문에서 다시 한번 우리를 일깨워 줍니다. "우리가 축복하는 그 축복의 잔은 그리스도의 피에 동참koinônía하는 것이 아닙니까? 우리가 떼는 빵은 그리스도의 몸에 동참koinônía하는 것이 아닙니까? 빵이 하나이므로 우리는 여럿일지라도 한 몸입니다. 우리 모두 한 빵을 함께 나누기 때문입니다."(1코린 10,16-17). 그러므로 그리스도와의 신적 친교는 그리스도인들 사이의 형제적 친교의 원천입니다.

κόσμος
kósmos

신약 성경에 186회 사용된 kósmos[코스모스]는 현대 언어에 유입된 그리스어 단어 중 대부분의 사람들이 알고 있는 단어일 것입니다. '장식하다, 질서 있게 배열하다'라는 의미의 동사 kosméô에서 유래한 이 단어는 시사하는 바가 많습니다. 그러므로 '세상'은 보석과 유사하며, 아름다움과 조화가 특징인 하느님의 계획입니다. 이는 빛, 물, 동물, 식물, 그리고 인간 등으로 채워진, 창세기 1장에서 묘사하는 피조 세계이기도 합니다. 그러나 마지막에 언급된 인간은 자유 의지를 가지고 있기 때문에, 창조주께서 의도하신 본래의 조화를 파괴할 수도 있습니다.

바로 이러한 이유 때문에 바오로 사도는 피조물을 의인화하여 "피조물이 허무의 지배 아래 든 것은 자의가 아니라 그렇게 하신 분의 뜻이었습니다. 그러나 그것은 희망을 간직하고 있습니다. 피조물도 멸망의 종살이에서 해방되어, 하느님의 자녀들이 누리는 영광의 자유를 얻을 것입니다."(로마 8,20-21)라고 말합니다. 그는 속량을 기다리는 인간과 함께 "모든 피조물이 지금까지 다 함께 탄식하며 진통을 겪고 있음을 알고 있습니다."(로마 8,22)라고 언급하면서 원초적 세상과 병행하는 새로운 세상이 생겨날 것이라고 말합니다. 고대의 '우주론적cosmologica' 개념에서 세상은 세 부분으로 구성되어 있습니다. 하늘은 신들의 거주지이고, 땅은 인간의 자리이며, 지하 세계는 어둠과 침묵, 그리고 죽은 이들의 장소입니다.

그러나 신약 성경에서는 세상을 그 안에 사는 인간의 표현으로 보는 관점이 지배적입니다. 가라지의 비유에서 "밭은 세상"(마태 13,38)입니다. 불행하게도 그 밭에는 좋은 씨 옆에 악이 뿌리를 내리고 있습니다. 이러한 도덕적 차원은 예수님의 유명한 말씀에도 나타납니다. "사람이 온 세상을 얻고도 제 목숨을 잃으면 무슨 소용이 있겠느냐?"(마태 16,26). 그러나 인간적 현실로서의 kósmos를 중심으로 상징적 성찰을 발전시킨 것은 요한 복음사가였습니다.

세상은 이중적이고 상반되는 모습을 지니고 있습니다. 무엇보다도 그것은 왜곡된 인간의 지평이며, 하느님을 반대하는 악의 왕국과도 같습니다. 지상 생애의 마지막 저녁, 예수님은 이렇게 기도하셨습니다. "의로우신 아버지, 세상은 아버지를 알지 못하였습니다."(요한 17,25 참조). "세상은 그분(성령)을 보지도 못하고 알지도 못하기 때문에 그분을 받아들이지 못합니다."(요한 14,17 참조). 이 땅과 역사가 "이 세상의 우두머리"(요한 12,31), 곧 사탄의 지배를 받고 있기에 그 갈등은 더욱 치열합니다. 그렇기 때문에 "온 세상은 악마의 지배 아래 놓여"(1요한 5,19) 있습니다.

요한의 첫째 서간의 준엄한 경고가 울려 퍼집니다. "여러분은 세상도 또 세상 안에 있는 것들도 사랑하지 마십시오. 누가 세상을 사랑하면, 그 사람 안에는 아버지 사랑이 없습니다. 세상에 있는 모든 것, 곧 육의 욕망과 눈의 욕망과 살림살이에 대한 자만은 아버지에게서 온 것이 아니라 세상에서 온 것입니다."(1요한 2,15-16). 그러나 그리스도께서는 이 지평 안으로 들어오셨고, 사도들 역시 같은 인간으로 들어와 있습니다. 이는 예수님의 마지막 기도에서도 반복됩니다. "아버지께서 저를 세상에 보내신 것처럼 저도 이들을 세상에 보냈습니다. … 세상은 이들을 미워하였습니다. 제가 세상에 속하지 않은 것처럼 이들도 세상에 속하지 않기 때문입니다."(요한 17,18; 17,14).

그러나 그리스도께서 인간 세상에 들어오신 유일한 목적은 하느님께서 세상을 제 운명대로 내버려두고자 하지 않으셨기 때문입니다. 오히려 하느님께서는 세상이 빛과 해방의 새로운 모습을 얻게 해 주셨습니다. 이것이 바로 예수님께서 니코데모에게 열정적으로 계시해 주신 말씀입니다. "하느님께서는 세상을 너무나 사랑하신 나머지 외아들을 내주시어, 그를 믿는 사람은 누구나 멸망하지 않고 영원한 생명을 얻게 하셨다. 하느님께서 아들을 세상에 보내신 것은, 세상을 심판하시려는 것이 아니라 세상이 아들을 통하여 구원을 받게 하시려는 것이다."(요한 3,16-17).

κρίνω / κρίσις

krínô / krísis

때때로 우리는 단테가 천상의 독수리, 즉 복된 이들의 상징적 무리로부터 받는 질책적 질문을 스스로에게 되뇌어야 할 것입니다. "그러는 당신은 누구이기에 한 뼘인 근시로 의자에 앉아 천 리 길을 판단하려 하는가?"(『신곡』「천국 편」, 제19곡 79-81절). 다음과 같이 훈계하는 동양의 속담도 있습니다. "당신이 누군가를 거슬러 손가락을 치켜들면, 다른 세 손가락은 당신을 가리키고 있음을 기억하라." 그럼에도 불구하고 단테가 말하듯이 우리 안에는, 판관의 자리에 앉아 상대가 저지른 일의 사정과 조건을 충분히 따져 보지 않은 채 쉽게 판결을 선고하고, 손바닥도 보지 못하는 근시안으로 멀고 먼 실재를 판결하려는 유혹이 강렬합니다.

예수님의 산상 설교는 장중하면서도 간결합니다. "남을 심판하지 마라. 그래야 너희도 심판받지 않는다. 너희가 심판하는 그대로 너희도 심판받을 것이다."(마태 7,1-2 참조). 우리가 지금 여기에서 살펴보고자 하는 주요 단어가 이 문장에 들어 있습니다. 바로 '판단하다'라는 의미의 동사 krínô[크리노]입니다. 이 단어는 신약 성경에 114회 등장합니다. 검증과 증언을 철저히 검토한 후 판관이 내리는 결정을 규정하는 명사 krísis[크리시스]는 47회 사용됩니다. 파생된 다른 단어들 중 '위선자'라는 의미의 hypokrîtês[휘포크리테스]도 17회 사용됩니다.

예수님께서는 겉으로는 명예롭지만 내면은 부패하고 사악한 위선을 몹시 싫어하셨습니다. 그분은 "겉은 아름답게 보이지만 속은 죽은 이들의 뼈와 온갖 더러운 것으로 가득 차 있는 회칠한 무덤"(마태 23,27)이라는 예리한 표상으로 위선을 정의하셨습니다. 또한 이 표상을 명쾌하게 적용하십니다. "이처럼 너희도 겉은 다른 사람들에게 의인으로 보이지만, 속은 위선과 불법으로 가득하다."(마태 23,28). 다시 단테의 이야기로 돌아가, 위선자들이 화려한 금박으로 겉을 장식한 무거운 납 망토를 두르고 다니며 단죄를 받는 『신곡』「지옥 편」 제23곡 6장의 장면을 기억할 필요가 있습니다.

가장 엄중한 단죄는 예수님께서 유명한 바리사이와 세리의 비유(루카 18,9-14)에서 구체적으로 제시하십니다. 이 비유에서는 "스스로 의롭다고 자신하며 다른 사람들을 업신여기는 자들"의 오만함을 중점으로 말씀하십니다. 바오로 사도도 분명히 말합니다. "아, 남을 심판하는 사람이여, 그대가 누구든 변명의 여지가 없습니다. 남을 심판하면서 똑같은 짓을 저지르고 있으니, 남을 심판하는 바로 그것으로 자신을 단죄하고 있기 때문입니다."(로마 2,1). 오직 하느님만이 심판하실 수 있습니다. 그분만이 마음, 다시 말해 모든 인간의 양심을 완전히 보실 수 있으시며, 외적인 것에 머물지 않으시고, "각자의 행실대로 심판하시는 분"(1베드 1,17)이시기 때문입니다.

그러므로 의인들은 "복음이 가르치는 대로, 하느님께서 그리스도 예수님을 통하여 사람들의 숨은 행실들을 심판하시는 그 날"(로마 2,16)을 기다릴 것입니다. 이것이 마태오 복음서 25장에서 복음사가가 최후 심판의 장엄한 장면을 묘사하는 이유입니다. 그때 최고의 심판관은 그리스도 자신이 되실 것이며, 단죄의 대상은 이웃을 향한 사랑을 저버린 죄인들에게 집중될 것입니다. 그러나 인류 역사에 대한 하느님의 심판을 가장 화려하게 상징적으로 보여주는 표현은 요한 묵시록의 거의 모든 장들에서 찾아볼 수 있습니다. 특히 바빌론 제국에 대한 강력한 단죄가 18-19장에서 나타납니다. 그러나 모든 이들은 하나의 경계선을 넘어야 합니다. "책들이 펼쳐졌습니다. … 죽은 이들은 책에 기록된 대로 자기들의 행실에 따라 심판을 받았습니다."(묵시 20,12).

그러나 구약 성경의 수많은 장에서도 심판관이신 하느님의 모습을 볼 수 있습니다. 그분께서는 죄인들을 벌하시는 데에 급급하신 분이 아니십니다. 실제 그분은 정의를 갈망하는 희생자들에게 응답하시면서 당신 아드님을 보내시어 그분을 "산 이들과 죽은 이들의 심판관"(사도 10,42)으로 세우셨지만, 다른 계획을 갖고 계십니다. 예수님께서는 예루살렘의 그날 밤, 니코데모에게 그 계획을 밝히셨습니다. "하느님께서 아들을 세상에 보내신 것은, 세상을 심판하시려는 것이 아니라 세상이 아들을 통하여 구원을 받게 하시려는 것이다."(요한 3,17). 그리고 다시 반복해서 말씀하십니다. "내 말을 듣고 나를 보내신 분을 믿는 이는 영생을 얻고 심판을 받지 않는다. 그는 이미 죽음에서 생명으로 건너갔다."(요한 5,24).

Κύριος
Kýrios

우리는 새로운 미사 경본에서 이미 비잔틴과 라틴 전례에서 전형적으로 사용되던 그리스어 문구 Kýrie eléison을 반복하는 데 익숙합니다. 앞에서 이미 eléison, 즉 '자비를 베푸소서'가 파생된 동사 eleéô(96쪽)를 다루었기에, '주님'을 뜻하는 명사 Kýrios[퀴리오스]에 관해 설명하고자 합니다. 신약 성경에 717회나 울려 퍼질 만큼 아주 많이 사용되는 이 단어는 그리스의 일상생활에서도 다양하게 사용되었습니다. 주인이나 소유주 또는 명사名士들을 지칭했지만, 제우스나 이시스Iside 같은 신들 또는 아우구스투스와 같은 로마 황제를 지칭할 때도 자주 사용되었습니다.

"주님Kýrios은 예수 그리스도 한 분이 계실 뿐입니다. 모든 것이 그분으로 말미암아 있고 우리도 그분으로 말미암아 존재합니다."

(1코린 8,6)라고 한 바오로 사도의 기록은 아마도 황제 숭배에 대한 논쟁을 암시하는 것일 수도 있습니다. 바오로는 특별히 이 칭호를 부활하시고 영광스럽게 되신 그리스도께 돌립니다. 그 중요성을 이해하기 위해서는 중요한 자료를 살펴봐야 합니다. 신약 성경에 존재하는 구약 성경의 인용문들에서 이스라엘의 하느님Jahweh은 Kýrios라는 단어로 번역되었습니다. 따라서 예수님께 그토록 거룩하고 지고한 호칭을 부여하는 것이 얼마나 강력한 의미였는지 상상할 수 있을 것입니다.

물론 일부 기적 이야기들에서 예수님을 가리키는 '주님'이라는 칭호는 단순한 존경의 표시일 수도 있습니다. 예를 들어 시로 페니키아 여자, 거룩한 변모의 산 아래에서 간질병에 걸린 환자 아들을 둔 아버지, 눈먼 사람들이나 나병 환자들, 사마리아 여자, 카나에서 병든 아들의 치유를 청하는 카파르나움의 왕실 관리, 성전 뜰에 잡혀온 간음한 여자, 자캐오, 병든 종을 둔 로마의 백인대장 등에게서 이를 확인할 수 있습니다.

그러나 Kýrios는 제자들이나 마르타와 마리아가 스승에게 이 호칭을 사용할 때, 더욱 높은 의미를 갖게 됩니다. 요한 복음서 9장의 일화에서도 이를 확인할 수 있습니다. 태어나면서부터 눈먼 사람은 자신의 눈을 치유해 주신 그리스도를 처음에는 "예수님이라는 분"이라고 불렀다가, 이어서 "예언자"로, 또 "하느님에게서 오신 분"으로 알아봅니다. 마침내 그리스도께서 그에게 중요한 메시아적 정의, "너는 사람의 아들을 믿느냐?" 하고 물으시자, 그는 확신에 차서 자신의 믿음을 고백하며, "주님Kýrie, 저는 믿습니다." 하며 예수님께 경배했습니다(요한 9,1-41 참조).

그러므로 여기에 초기 그리스도교 공동체의 파스카 신앙을 반영하는 전례 기도문을 소개합니다. 바오로 사도가 필리피 신자들에게 보낸 서간(2,6-11)에 포함시킨 유명한 찬가가 이를 대표합니다. 주님을 향한 찬미와 영광의 기도로 이 찬가를 읽고 사용할 수 있기를 바랍니다. 여기서는 바오로 사도가 부활하신 그리스도께 주어진 '이름'을 세 번 칭송하는 마지막 부분을 인용합니다. 잘 알려진 바와 같이, 성서 언어에서 '이름'은 곧 그 사람의 본질과 고유한 인격 자체를 의미합니다. "하느님께서도 그분을 드높이 올리시고 모든 이름 위에 뛰어난 이름을 그분께 주셨습니다. 그리하여 예수님의 이름 앞에 하늘과 땅 위와 땅 아래에 있는 자들이 다 무릎을 꿇고 예수 그리스도는 주님이시라고 모두 고백하며 하느님 아버지께 영광을 드리게 하셨습니다."(필리 2,9-11).

그렇기 때문에 바오로 서간들에서 "예수님은 주님Kýrios이시다."(1코린 12,3; 로마 10,9 참조)라는 고대의 신앙 고백을 심심치 않게 읽을 수 있습니다. 바오로는 유일한 주님이시자 구원자이신 분께 바치는 기도를 당시 전례에서 사용했던 민중 언어인 아람어로도들을 수 있게 했습니다. "마라나 타Maranatha! 주님Kýrios, 오십시오!" 그러므로 "누구든지 주님을 사랑하지 않는 자는 저주를 받으라!"(1코린 16,22).

λόγος
lógos

기원후 60-70년 무렵, 로마의 한 가정집에 들어간다고 상상해 봅시다. 그곳에는 바오로 사도가 로마 신자들에게 보낸 서간의 마지막 장(16장)에서 인사한 공동체들 중 하나인 그리스도인 공동체가 모여 있습니다. 우리는 문간에 서서 조용히 한 원로가 진행하는 교리 수업을 듣습니다. 그는 공식적이고 교양 있는 라틴어가 아닌, 당시 대중에게 널리 사용되고 세계적으로 통용되던 그리스어를 사용합니다. 그리스어는 오늘날의 영어처럼 널리 사용되었습니다. 고등 교육을 받은 독자들은 그 강연의 몇몇 단어들을 알아들을 수 있을 것입니다.

말과 글은 우리 인류 정체성의 근본적인 특징의 구성 요소입니다. '단어'는 우리가 하는 담화의 바탕에 깔려 있지만, 우리가 읽는 책의 기초이기도 합니다. 통계 자료에 대해 약간의 호기심을 불러일으키자면, 그리스어 신약 성경은 138,020개의 단어들로 구성되어 있지만, 사용된 용어들은 관사와 전치사를 포함해 5,433개에 지나지 않습니다. 이에 반해, 히브리어 구약 성경의 경우, 5,750개의 다양한 어휘를 바탕으로 305,441개의 단어가 사용되었습니다. 이 시점에서 우리가 제시하는 그리스어 단어 lógos[로고스]가 의미하는 것이 무엇인지 짐작하기란 그리 어려운 일은 아닐 것입니다. '신학teo-logia', '심리학psico-logia', '사회학socio-logia'과 같은 많은 단어들에도 유입된 그리스어 lógos에는 '단어'라는 뜻이 있지만, '담론'이라는 뜻도 있습니다. lógos는 신약 성경에 표현된 그리스도교 담론의 '단어'입니다.

요한 복음서 머리글에 등장하는 주옥같은 찬가의 시작을 모르는 이는 없을 것입니다. "한처음에 말씀Lógos/Verbo/Parola이 계셨다. 말씀은 하느님과 함께 계셨는데 말씀은 하느님이셨다. 말씀이 사람carne이 되시어 우리 가운데 사셨다."(요한 1,1.14). 신학 언어에서 이것이 바로 강생, 곧 창조적이며 구원적 효력을 갖고 계신 하느님의 말씀이 '사람'(carne: 살, 육체), 곧 나자렛 예수님의 인격이 되시고, 역사가 되셨다는 것입니다. 그러므로 신약 성경은 구약 성경처럼 이상적으로 하느님의 말씀Parola으로 시작합니다. "한처음에 … 하느님께서 말씀하시기를 "빛이 생겨라." 하시자 빛이 생겼다."(창세

1,1.3).

그러나 요한 사도가 자신의 첫째 서간에서 설명했듯이 더욱 놀라운 일이 일어납니다. "처음부터 있어 온 것, 우리가 들은 것, 우리 눈으로 본 것, 우리가 살펴보고 우리 손으로 만져 본 것, 이 생명의 말씀lógos에 관하여 말하고자 합니다. 우리가 보고 들은 것을 여러분에게도 선포합니다."(1요한 1,1.3). 말씀은 이제 눈에 보이는 인격체로 로마 제국의 한 변방에서 증인들 앞에 사셨습니다.

이 단어는 신약 성경에서 330회나 사용되기 때문에, 계속해서 설명할 수 있지만 이제 마지막으로 흥미로운 사실 하나만 덧붙이고자 합니다. Lógos는 신약 성경에서 2,353회나 만나는 그리스어 동사 légô에서 파생되었습니다. 그런데 이탈리아어 '읽다leggere'의 기원이 되는 이 동사는 최초에는 세 가지 의미를 지니고 있었습니다. 목초지의 꽃이나 나무 열매들을 '수집하다'와 읽을 책들을 '선택하다', 그리고 마지막으로 '말하다, 이야기하다, 설명하다'가 그것입니다. 이 삼부작은 하느님과 인간의 실체에 은밀하고 심오한 비밀들을 수집하고, 선택하고, 계시하는 말씀lógos의 아름다움과 풍부함에 대해 시사하는 바가 매우 큽니다.

참고로, 이탈리아어 'parola말씀'는 그리스어 parabolê에서 유래했습니다. 'Parabola비유'도 이 단어에서 파생되었습니다. 그러므로 예수님께서 하느님 나라의 선포를 위해 이야기하신 '비유

parabole'에 명백하게 드러나듯이 말씀parola에는 이미지와 상징을 표현하는 능력이 있습니다.

μαρτυρία
martyría

이탈리아어는 자신의 모체인 그리스-라틴어의 흔적을 자주 드러냅니다. 물론 그 의미에 있어서는 발전된 모습을 보이기도 합니다. 이탈리아어 'martirio순교', 'martire순교자'와 더불어 우리가 살펴보고자 하는 단어가 바로 그렇습니다. 신약 성경의 그리스어에서는 이와 연관된 단어를 최소한 세 개는 찾을 수 있습니다. martyría([마르튀리아], 증언, 37회 사용), martyréô(증언하다, 46회 사용), mártys(증인, 35회 사용)입니다. 이 외에도 다양한 형태의 변형이 있지만 여기서는 다루지 않겠습니다. 본격적인 분석을 위해 지금으로부터 멀리 떨어진, 구약 성경에서 출발하겠습니다.

'증언'의 법률적 범주는 인간관계와 사회관계의 올바른 발전과 본질적으로 연관됩니다. 십계명 중에 "이웃에게 불리한 거짓 증언을 해서는 안 된다."(탈출 20,16)라는 규정이 있는 것은 결코 우연이 아닙니다. 이 계명은 특히 사법의 영역과 관련되어 있으며, 이는 성경의 법률에서도 광범위하게 확인됩니다. 사형이 선고된 재판의 경우, 형을 집행하기 위해 돌을 던질 때 재판의 증인이 '먼저 돌을 던지는' 사람이어야 할 정도로 증인은 중요했습니다(참조: 신명 17,7; 요한 8,7). 그리스도의 재판을 포함한 성경의 많은 재판들에서는 '거짓 증인'의 개입을 볼 수 있습니다. 말의 중요성이 높았던 구전 중심의 문명에서 이는 매우 심각한 왜곡이자 타락이었습니다.

고대 근동에서는 여성, 종, 미성년자, 청각 장애인, 시각 장애인, 언어 장애인 또는 이미 거짓으로 고발된 이들의 증언은 유효한 것으로 여기지 않았습니다. 그러나 성경에서 '증언'은 신학적 상징이 됩니다. 하느님께서 친히 당신의 계시를 '증언'하십니다. 그래서 바오로 사도는 자신의 사도적 사명을 '하느님을 증언', 곧 그분의 말씀을 선포하는 것으로 규정합니다(1코린 2,1 참조). 또한 요한 사도는 자신의 첫째 서간에서 진실함과 효력에 있어 "하느님의 증언은 더욱 중대"(1요한 5,9)하다고 말합니다. 요한 복음서에서도 그리스도께서 자신에 대한 아버지의 증언을 언급하시며(요한 8,18 참조), 당신 자신을 아버지의 증인으로 여러 번 제시하십니다. 그렇기에 요한 묵시록은 그분을 "성실하고 참된 증인"(묵시 3,14; 1,5 참조)으로 정의합니다.

그러므로 "빛을 증언하러"(요한 1,7-8 참조), 곧 그리스도를 증언하러 역사의 무대에 오른 요한 세례자가 증인이듯이, 예언자들 역시도 증인들입니다(사도 10,43 참조). 요한 세례자가 분명히 선포합니다. "과연 나는 보았다. 그래서 저분이 하느님의 아드님이시라고 내가 증언하였다."(요한 1,34). 하느님의 온 백성은 이미 주님께서 이루신 구원 사업의 증인이 되라는 부름을 받고 있습니다. 이사야 예언서에서 하느님께서는 "너희가 나의 증인이다."라고 반복해서 말씀하십니다(이사 43,10-12 참조). 그렇기에 사도들은 그리스도의 부활과 그분의 말씀을 끊임없이 장엄하게 증언합니다. 그러나 이 증언하는 사명의 중요한 측면이 점차 극적으로 드러날 것입니다. 그것은 '증인'을 뜻하는 그리스어 mártys에서 이탈리아어 martire, 곧 '순교자'를 표현하게 되는 것입니다.

제자들이, 첫 번째 파스카 증언을 내놓았던 유다 민족에서 출발해 바오로 사도가 "증언해야"(사도 23,11) 했던 로마 제국에 이르기까지, 그리스도께서 복음 선교사들을 위해 남겨 두신 메시지를 선포하게 될 것입니다. "그들이 너희를 의회에 넘기고 회당에서 채찍질할 것이다. 또 너희는 나 때문에 총독들과 임금들 앞에 끌려가, 그들과 다른 민족들에게 증언할 것이다."(마태 10,17-18). 이렇게 해서 증언martyría은 곧 '순교'로 바뀌며, 그 첫 번째 상징적 인물은 스테파노입니다. 그의 죽음은 본질적으로 그리스도의 '순교-증언'

의 형태로 이루어졌습니다(사도 7장).

그러므로 '증언'은 사회적 삶 속에서 꽃피운 주제이자, 신학 안에서도 성장하여 하느님의 이스라엘이나 교회, 그리고 "본시오 빌라도 앞에서 훌륭하게 신앙을 고백하신"(1티모 6,13) 그리스도, 모두의 충실한 실존의 표지가 되었습니다. "그러므로, 이렇게 많은 증인들이 우리를 구름처럼 에워싸고 있으니, 우리도 온갖 짐과 그토록 쉽게 달라붙는 죄를 벗어 버리고, 우리가 달려야 할 길을 꾸준히 달려갑시다. 그러면서 우리 믿음의 영도자이시며 완성자이신 예수님을 바라봅시다."(히브 12,1-2).

μετάνοια
metánoia

이 단어는 요한 세례자의 첫 선포와 예수님의 선포에서도 울려 퍼집니다. "회개하여라. 하늘 나라가 가까이 왔다."(마태 3,2; 4,17). 여기에 사용된 그리스어 동사는 '회개하다'라는 의미의 metanoéô로, 신약 성경에 34회 등장합니다. 명사 metánoia([메타노이아], 회개, 22회 사용)가 바로 이 동사에서 유래되었습니다. metanoéô의 자구적 의미는 '생각을 바꾸다', '정신 상태를 바꾸다'입니다. 그렇게 함으로써 인간의 선택은 악에서 선으로, 거짓에서 진실로, 불의에서 사랑으로 나아갑니다. 회개의 주제는 모든 종교적 도덕에서 전형적이며, 죄의 상태에서 양심과 삶의 정화로 넘어감을 의미합니다.

구약 성경은 이러한 행위를 공간적 의미의 '되돌아가다'라는 동사 shûb로 정의합니다. 그것은 곧 잘못된 길을 버리고 오아시스로, 성읍으로, 삶으로 인도하는 길을 찾기 위해 바른길로 되돌아가는 것을 의미합니다. 더구나 죄는 구약 성경의 단어 사전에서 탈선脫線 또는 표적에서 벗어남을 가리키는 히브리어 단어로 표현되었습니다. 루카 복음서 15장의 되찾은 아들의 비유는 '돌아옴'(회개)을 위한 일종의 극본과도 같습니다. 그 작은아들의 죄가 아버지의 집을 떠나는 것으로 구체화되고, 그의 회개가 자신이 버리고 떠난 집으로 되돌아오는 것으로 표현되며, 그 길에 용서할 준비가 되어 있는 아버지가 기다리고 있는 것은 결코 우연이 아닙니다.

그러므로 회개는 단순한 참회가 아닙니다. 회개는 악습을 완전히 끊어 버리고, 악에서 벗어남을 포함합니다. "죄인은 제 길을, 불의한 사람은 제 생각을 버리고 주님께 돌아오너라. 그분께서 그를 가엾이 여기시리라. 우리 하느님께 돌아오너라. 그분께서는 너그러이 용서하신다."(이사 55,7). 이사야 예언서의 이 구절은 삶을 근본적으로 변화시키라는 권고와 하느님과의 새로운 만남의 기쁨을 명확하게 밝히고 있다는 점에서 매우 중요합니다. 따라서 회개의 주제는 진지하고 엄격한 책임입니다. 루카 복음서에서 예수님께서는 "너희도 회개하지 않으면" 빌라도가 일으킨 대학살로 희생된 이들이나 실로암에 있던 탑이 무너지면서 깔려 죽은 사람들처럼 "모두 그렇게 멸망할 것이다."(루카 13,1-5 참조)라고 경고하셨습니다. 그러나 무엇보다도 새로운 삶을 시작하게 하는 것은 "마음을 다하고 목숨을 다하여 주 너희 하느님께"(신명 30,10) 돌아오는 것입니다.

성 베드로 사도조차도 예수님을 배반했지만, 예수님께서는 눈물로 참회하는 그를 회개와 더불어 새로운 사명의 길로 인도하십니다. "네가 돌아오거든 네 형제들의 힘을 북돋아 주어라."(루카 22,32). 사실 사도들이 선포했던 근본 메시지 중 하나는 "죄의 용서를 위한 회개metánoia가 그의 이름으로 모든 민족들에게 선포되어야"(루카 24,47) 한다는 것입니다. 회개와 용서, 그 두 가지는 서로 얽혀 있습니다. 한편으로는 악을 끊어 버리는 길을 선택하는 인간의 자유가, 다른 한편으로는 용서를 베푸는 하느님의 은총이 있습니다. 암시적이고 강력한 성경의 표현을 빌리자면, 이는 인간의 "죄를 등 뒤로 던져 버리시는" 하느님의 은총입니다.

"우리는 그리스도를 대신하여 여러분에게 빕니다. 하느님과 화해하십시오."(2코린 5,20). 그리스도교 공동체 안에서 울려 퍼지는 호소는, 바오로가 하느님의 이름으로 '화해의 직분'을 맡은 자로서 명확히 밝힌 내용입니다(2코린 5,18 참조). 용서의 선물은 '화해'에 자신을 맡기는 자유로운 선택이며, 이러한 행위가 바로 회개입니다. 회개는 그리스도께서 '맺고 푸는' 직분을 부여하신 교회 안에 활동하시는 하느님의 은총이 들어오는 길을 열어 주는 것입니다. 그렇게 회개를 한다면 "그는 새로운 피조물입니다. 옛것은 지나갔습니다. 보십시오, 새것이 되었습니다."(2코린 5,17).

μήτηρ
mêtêr

이제부터 살펴볼 단어는 모든 이의 삶에 있어 근본이 되는 한 사람을 가리키는 그리스어 단어, mêtêr[메테르], 곧 '어머니'입니다. 이 단어는 신약 성경에서 83회 만날 수 있으며, 특히 복음서에 집중되어 있습니다(71회). 예수님께서도 전통적이고 경제적인 유형의 모든 변명에 맞서 "아버지와 어머니를 공경하여라."라고 한 십계명의 규정을 단호하게 강조하시면서, 모세 율법의 엄중한 경고를 덧붙이십니다. "아버지나 어머니를 욕하는 자는 사형을 받아야 한다."(마르 7,10; 참조: 탈출 20,12; 21,17).

복음서에는 여러 어머니들이 등장합니다. 예를 들어 제베대오의 두 아들, 곧 요한과 야고보의 어머니가 있고, 또 예수님의 십자가 처형을 지켜보았던 야고보와 요셉의 어머니 마리아가 있으며,

사도행전에는 아마도 복음사가 마르코로 추정되는 요한 마르코의 어머니도 등장합니다. 바오로 사도는 예루살렘을 영적인 "우리의 어머니"(갈라 4,26)라고 상징적으로 부릅니다. 요한 묵시록 12장에서 묘사하는 아들을 낳은 여인도 유명합니다. 교회 전통은 그를 예수님의 어머니 마리아와 동일시해 왔지만, 요한 묵시록의 저자는 아마도 구약 성경에서 이미 배우자의 모습으로 묘사된 하느님의 백성을 여인으로 생각했을 가능성이 높습니다.

그러나 확실한 것은 가장 중요한 mêtêr가 예수님의 어머니 마리아라는 것입니다. 마리아는 루카 복음서에 나오는 예수님의 어린 시절 이야기 외에 그리스도께서 카나의 혼인 잔치에서 당신의 첫 번째 기적으로 세상에 모습을 드러내셨을 때에도 등장합니다. "갈릴래아 카나에서 혼인 잔치가 있었는데, 예수님의 어머니도 거기에 계셨다."(요한 2,1). 이후 이야기가 전개되면서 마리아는 아들에게 충만한 신뢰를 드러내며 그에게 유보된 것을 넘어 포도주 기적의 '표징'을 이끌어 내는 핵심 인물이 됩니다. 예수님께서는 자신의 어머니께 "아직 저의 때가 오지 않았습니다."(요한 2,4)라고 대답하십니다. 우리는 요한 복음서에서 '때'라는 단어는 그리스도의 죽음과 부활을 가리킨다는 것을 알고 있습니다. 그러나 예수님께서는 포도주와 혼인 잔치라는 메시아적 상징으로 구원의 미래 지평을 열어 보이시어 마리아의 간청을 들어주십니다.

요한은 '때'가 차서 아들이 골고타 십자가 위에 달리는 바로 그 때에 예수님의 어머니를 다시 등장시킵니다. 요한은 그리스도의 마지막 순간에, 특히 제자에게 하신 말씀에서 mêtêr라는 단어를 5회 반복합니다. "예수님의 십자가 곁에는 그분의 **어머니**와 이모, 클로파스의 아내 마리아와 마리아 막달레나가 서 있었다. 예수님께서는 당신의 **어머니**와 그 곁에 선 사랑하시는 제자를 보시고, **어머니**에게 말씀하셨다. "여인이시여, 이 사람이 **어머니**의 아들입니다." 이어서 그 제자에게 "이분이 네 **어머니**시다." 하고 말씀하셨다. 그때부터 그 제자가 그분을 자기 집에 모셨다."(요한 19,25-27).

마리아는 이제 예수님께 받은 새로운 사명의 계시 안에서 새로운 모성, 곧 하느님 아버지의 아들딸을 낳아 그리스도의 형제자매가 되게 하는 교회라는 표지로서의 모성으로 나타납니다. '여인' 마리아는 당신 아드님의 '때'를 자신의 '때'로 살아갑니다. 그리스도는 죽음으로써 구원을 이루셨고, 마리아는 당신 아드님을 잃음으로써 수없이 많은 자녀들, 당신 아드님이신 그리스도의 지고한 행위로 구원받고 속량된 자녀들을 얻습니다. 2017년 5월 10일 프란치스코 교황은 이렇게 말했습니다. "다시 여기에 나자렛의 젊은 어머니였지만, 시간이 흐르면서 이제는 머리카락이 희끗해진 마리아가 있습니다. 그는 여전히 품에 안아야 하는 하느님과 함께 계십니다."

νόμος
nómos

"내가 율법이나 예언서들을 폐지하러 온 줄로 생각하지 마라." (마태 5,17). 예수님께서 산상 설교에서 하신 이 유명한 선언은 '율법'의 그리스어이자, 파생된 다른 단어들과 함께 신약 성경에서 194회 사용된 nómos[노모스]가 성경에서 지니는 네 가지 의미 가운데 **첫 번째 의미**를 소개합니다. 앞서 인용한 복음서 구절에서처럼 이 단어는 히브리인들이 'Torah율법'라고 부르는 것을 의미하기도 합니다. 히브리어 Torah는 그 자체로 '가르침'이라는 의미이며, 성경의 첫 다섯 권인 창세기, 탈출기, 레위기, 민수기, 신명기로 구성된 모세 오경을 포괄하는 단어이기도 합니다.

Torah는 보통 '율법'으로 번역됩니다. 모세 오경의 상당 부분, 특히 레위기나 신명기는 거의 대부분이 입법적, 규범적 장치들로 구성되어 있기 때문입니다. 이런 장치들은 종교적, 도덕적인 것뿐 아니라 민법과 형법에 관한 것이기도 합니다. 엄밀한 의미에서 nómos의 **두 번째 의미**는 '성경'입니다. 성경은 하느님 신비의 추상적 계시가 아니라, 주님께서 역사 안으로 들어오시는 것을 드러내는 것이기에, 하느님과 함께 걸으면서 정의와 평화를 위한 그분의 계획에 협력할 수 있는 구체적이고 일상적인 길을 제시합니다. 그 길은 계명과 규정으로 표현됩니다.

이런 관점에서 '율법'과 '하느님의 말씀'을 동일시하는 경향이 있으며, 이는 시편 중 가장 긴 시편인 시편 119편에서 입증됩니다. 22연, 176절로 구성된 이 시편은 실존적, 종교적 가치를 지닌 율법–말씀을 찬미합니다. 그중 백미는 105절입니다. "당신 말씀은 제 발에 등불, 저의 길에 빛입니다."(시편 119,105). 풍부하고 복잡한 성경의 법규들에서 가장 중요하고 결정적 가치를 지니는 계명이 존재하는 것은 자연스러운 일입니다. 여기에서 우리는 십계명(탈출 20장; 신명 5장), 또는 주님과 그분 백성 사이의 계약의 징표인 할례에 관한 규정, 그리고 유다인들의 예배의 핵심인 안식일에 관한 규정을 생각해 볼 수 있습니다.

예언자들은 성경의 율법을 법률적legale, 법치적giuridico, 사회적sociale 차원에서 더욱 개인적, 실존적, 영성적 차원으로 바꾸려고 합니다. 이는 '율법'이라는 말의 **세 번째 의미**로 우리를 이끄는 해석학적 작업이기도 합니다. 이미 예수님께서는 산상 설교에서 유명한 여섯 가지 '반명제'(마태 5,21-48 참조)로 율법 규정의 겉모습만 따르는 준수를 넘어서, 그 계명을 사랑, 충실함, 진리, 정의라는 완성으로 이끌고자 하셨습니다. 이는 그리스도인에게도 율법이 여전히 유효하다는 사실을, 그 표현의 외형이 아니라 그 깊은 영적 본질 때문에 확인하시는 방식이었습니다. 실제로 앞에서 인용한 마태오 복음서에서는 그리스도께서 다음과 같이 반복하여 말씀하십니다. "내가 율법이나 예언서들을 폐지하러 온 줄로 생각하지 마라. 폐지하러 온 것이 아니라 오히려 완성하러 왔다."(마태 5,17).

이 지점에서 우리는 nómos의 **네 번째 의미**에 도달합니다. 바오로 사도는 우리에게 성경의 율법에 대한 복합적인 성찰을 제공합니다. 율법은 그 자체로는 거룩하고 의로우며 영적이면서(로마 7,12.14.16 참조), "천사들을 통하여 … 공포되었습니다."(갈라 3,19). 그러나 율법이 인간 자신의 공로만으로 구원을 얻기 위해 반드시 따라야 하는 행동 체계로 여겨지면, 율법은 우리를 구원할 수 없습니다. 이는 마치 깊은 바다에 빠진 어떤 사람이 하늘을 향해 필사적으로 팔을 뻗으며 혼자 힘으로 빠져나오려고 하는 것과 같습니다. 오직 사람이 믿음으로 받아들이는 하느님 은총의 손길만이 우리가 처해 있는 죄의 심연에서 우리를 건져 낼 수 있습니다.

그러한 이유로 바오로 사도는 이렇게 선언합니다. "(사람은) 그리스도 예수님 안에서 이루어진 속량을 통하여 그분의 은총으로 (율법과 상관없이) 거저 의롭게 됩니다."(로마 3,24). 그러나 이것이 하느님의 은총을 받아들인 후에 율법을 삶의 지침으로 받아들이지 않아도 된다는 의미는 아닙니다. 바오로는 율법을 '성령의 법'이라고 명명합니다. 이는 사랑이 모든 규정들의 종합이며, 영혼임을 알려 줍니다. "남을 사랑하는 사람은 율법을 완성한 것입니다. … 계명과 그 밖의 다른 계명이 있을지라도, 그것들은 모두 이 한마디 곧 "네 이웃을 너 자신처럼 사랑해야 한다."는 말로 요약됩니다. … 사랑은 율법의 완성입니다. 사실 모든 율법은 한 계명으로 요약됩니다. 곧 "네 이웃을 너 자신처럼 사랑하여라." 하신 계명입니다." (로마 13,8-10; 갈라 5,14).

ὁράω
horáô

“Primum videre우선은 보라.” 고대 로마인들은 보는 것의 절대적 중요성을 강조하였습니다. 이러한 이유로 언어에는 보는 행위를 정의하는 많은 단어들이 있습니다. 예를 들어, 이탈리아어에는 원시 독일어 ‘wardon관찰하다, 감시하다’에서 13세기에 파생된 단어 ‘guardare주시하다’가 있습니다. 이 단어에서 ‘감시, 감시자, 옷장’ 등의 단어가 갈라져 나왔습니다. 인도-유럽 어근에서 유래한 ‘vedere보다’라는 단어는 ‘sapere지식’를 가리키는 데에도 적합합니다. 여기에서 ‘visibile가시적’, ‘veduta보이는’, ‘vista시각’, ‘svista간과’, ‘avvistato발견된’, ‘avveduto현명한’, ‘riveduto검토된’, ‘vedetta망대’, ‘intravedere직감하다’, ‘stravedere잘못 보다’ 등이 파생되었습니다.

신약 성경의 그리스어에서 ‘보다’를 의미하는 동사를 선택하는 것은 복잡한 일입니다. 다른 뉘앙스를 가진 많은 단어들이 사용되기 때문입니다. 그중 가장 많이 사용되는 단어는 448회나 사용된 horáô[호라오]입니다. 이 단어의 다소 복잡한 활용 형태에서 동사 vedere의 의미를 지닌 eidôn을 발견할 수 있습니다. eidôn은 약 350회 사용되며, 인도의 경전인 '베다Veda'의 바탕이 되는 단어이기도 합니다. 그러나 여기에서는 두 가지 훈계를 염두에 두면서 간단한 설명만 덧붙이고자 합니다. 에제키엘 예언자는 이스라엘 백성을 향해 "그들은 볼 눈이 있어도 보지 않고, 들을 귀가 있어도 듣지 않는다."(에제 12,2)라고 항의합니다. 예수님께서는 제자들에게 긍정적인 어조로 "너희의 눈은 볼 수 있으니 행복하다."(마태 13,16 참조)라고 말씀하십니다.

신약 성경에서 '보다'는 신앙 고백의 의미에서 자주 '인정하다', '알아보다'라는 의미로 사용됩니다. 이는 요한계 문헌에서 두드러집니다. "(우리는) 아버지의 외아드님으로서 지니신 영광을 보았다."(요한 1,14), "앞으로 그보다 더 큰 일을 보게 될 것이다. … 너희는 하늘이 열리고 하느님의 천사들이 사람의 아들 위에서 오르내리는 것을 보게 될 것이다."(요한 1,50-51), "선생님, 예수님을 뵙고 싶습니다."(요한 12,21), "나를 본 사람은 곧 아버지를 뵌 것이다."(요한 14,9), "너는 나를 보고서야 믿느냐? 보지 않고도 믿는 사람은 행복하다."(요한 20,29), "우리 눈으로 본 것 … 우리가 보고 들은 것을 여러분에게도 선포합니다."(1요한 1,1-3).

물론 하느님께서는 aóratos, "보이지 않는"(콜로 1,15; 참조: 1티모 1,17; 히브 11,27) 분이라고 여러 번 선언됩니다. 그분은 신비이시고, 초월이시기에, 눈에 보이는 형상 안에 갇혀 계실 수 없는 분이시기 때문입니다. 그러나 그분의 '이콘', 즉 눈에 보이는 표상으로 "나를 본 사람은 곧 아버지를 뵌 것이다."(요한 14,9)라고 하신 아드님을 통해 신앙인들은 눈이 어두워지는 일 없이 그 빛의 심연으로 들어갈 수 있습니다. "행복하여라, 마음이 깨끗한 사람들! 그들은 하느님을 볼"(마태 5,8) 것이고, 천상 예루살렘에서 "그분의 얼굴을 뵐 것입니다."(묵시 22,4). 길고 극적인 탐구 여정 끝에 욥이 "당신에 대하여 귀로만 들어 왔던 이 몸, 이제는 제 눈이 당신을 뵈었습니다."(욥 42,5)라고 한 것처럼 말입니다. 그것은 악인들에게는 허락되지 않는 경험입니다. "악을 행하는 이는 하느님을 뵙지 못한 사람입니다."(3요한 1,11).

이와 같이 성경의 '계시'에 관한 간략한 요약은 매우 특별한 시각적 경험으로 마무리됩니다. 동사 horáô는 그 활용의 특별한 형태 ofthê로 부활하신 그리스도와의 만남, 곧 다소 부정확하게 '발현apparizioni'이라 불린 만남을 묘사하는 데 사용됩니다. 실제로 복음서들에서는 단순히 그분께서 "나타나셨다."라고 표현합니다. 바오로 사도가 이런 만남의 목록을 첨부해 알려 주듯(1코린 15,5-8), 그분께서는 개인적으로 자신을 알리셨다고 합니다. 이는 엠마오의 제자들에게 '빵을 떼어 주실 때', 즉 부활하신 분께서 거행하신 성찬 때에도 일어났습니다. "그러자 그들의 눈이 열려 예수님을 알아보았다. 그러나 그분께서는 그들에게서 사라지셨다."(루카 24,31). 그리스도께서는 당신을 계시하시지만, 보이지 않는 하느님의 영광 안에 머물러 계십니다.

πίστις
pístis

'믿음'을 의미하는 이탈리아 단어 fede는 이웃이나 하느님께 자신을 내맡기면서 방어벽을 낮추는 행위를 암시하는 인도-유럽어 어근에서 유래했습니다. 여기에서 'fiducia신뢰', 'confidenza신임', 'fidanzato약혼자', 'affidamento신용'가 파생되었습니다. 이와 달리 그리스어 단어에는 신약 성경에 243회 사용된 pístis([피스티스], 믿음), 그보다 조금 적지만 241회 사용된 동사 'pistéuô믿다', 67회 사용된 형용사 'pistós충실한, 믿는'가 있습니다. 믿음이라는 주제를 개진하려면 방대한 지면이 필요할 것입니다. 믿음은 종교의 영혼 자체와 성경의 근간을 형성하기 때문입니다. 그러므로 여기에서는 주제에 맞추어 짝을 이루는 단어들만 간략하게 제시하는 선에서 만족하고자 합니다.

첫 번째 짝은 '믿음fede'과 '은총grazia'의 결합입니다. 최우선 순위는 하느님 사랑의 표현인 은총에 주어져야 합니다. 은총을 의미하는 그리스어 cháris가 '자비'라는 의미의 이탈리아어 carità의 어원인 것은 결코 우연이 아닙니다. 하느님의 은총이 비춰짐으로써 움직이는 인간은 자신의 자유로 이 은총을 받아들이거나 거부할 수 있습니다. 그때 자유에 의한 수용이 pístis, '믿음'이며, 믿음은 그 사랑을 받아들이고 보답하는 것입니다.

이 시점에서 두 번째 짝, '믿음fede'과 '신뢰fiducia'를 소개하고자 합니다. '믿다'라는 의미의 히브리어 동사는 그 어원을 우리의 amen에 두고 있으며, 한 사람의 말과 존재를 신뢰하며 의지하는 것을 가리킵니다. 그러므로 믿음은 성경이 정의하고 전승이 심화시키는 객관적이고 계시된 내용을 가지고 있지만, 동시에 한 사람이 다른 사람에게 주관적으로 귀를 기울이는 것이기도 합니다. 이는 마치 하느님의 말씀이 모호하고 신비로울 때에도 아브라함이 모리야 땅의 산으로 오르면서 하느님을 신뢰하고 순종했던 것처럼, 단지 흘러간 '말discorso'이 아니라 삶의 '여정percorso'이기도 합니다.

세 번째 짝은 앞선 짝의 결과이자, 요한 바오로 2세 교황 회칙의 제목(「신앙과 이성Fides et Ratio」, 1998년)이기도 한 '믿음fede'과 '이성ragione'입니다. 실제로 히브리인들에게 보낸 서간은 "믿음은 우리가 바라는 것들의 보증이며 보이지 않는 실체들의 확증입니다."(히브 11,1)라고 선언합니다. 한편으로는 우리에게 주어진 희망을 직관하고 신뢰하며 내맡기는 의탁이 있고, 다른 한편으로는 '증명', 즉 논증이 있습니다. 단테는 이 성경 구절을 "믿음은 희망한 사상들의 실체요, 나타나지 않는 것들의 증명이다."(『신곡』「천국 편」, 제24곡 64-65절)라고 풀이했고, 아우구스티노 성인은 "사유되지 않고 논증되지 않은 신앙은 아무것도 아니다."라고 주장했습니다.

마지막 짝은 '믿음fede'과 '행위opere'입니다. 이는 바오로 성찰의 근본적인 연결 고리입니다. 바오로 사도에게 있어 구원이라는 초월적 선물은 우리가 하는 행위로 주어지는 것이 아니라, '상상할 수 없이 큰' 하느님의 생명 자체에 참여하는 것입니다. '의로움'(dikaiosýnê, 84쪽)을 주제로 다루면서 인용했던 갈라티아 신자들에게 보내는 서간에서 그는 자신의 논제를 세 번이나 반복합니다. "그러나 사람은 율법에 따른 행위가 아니라 예수 그리스도에 대한 믿음으로 의롭게 된다는 사실을 우리는 알고 있습니다. 그래서 우리는 율법에 따른 행위가 아니라 그리스도에 대한 믿음으로 의롭게 되려고 그리스도 예수님을 믿게 되었습니다. 어떠한 인간도 율법에 따른 행위로 의롭게 되지 않기 때문입니다."(갈라 2,16).

그러므로 행위는 구원의 원인이 아니라 그 열매입니다. "성령의 열매는 사랑, 기쁨, 평화, 인내, 호의, 선의, 성실, 온유, 절제입니다."(갈라 5,22-23). 물론 바오로 사도에게 있어서도 믿음의 진실성을 나타내는 표징으로서 행위는 필수적입니다. 그럼에도 믿음은 가장 중요하고 결정적인 요소입니다. 믿음이 없다면 종교는 도덕주의나 의례적이고 사회적 표현으로 전락할 것입니다.

πνεῦμα
pnéuma

"봄 장미 여린 가지에 조그만 봉오리 / 우아하게 돋아난 작은 잎들 사이 / 순백의 실로 엮은 가냘픈 줄기들 / 존재의 그 소박한 흔들림 속에 / 만상을 품어 땅의 얼굴을 새롭게 하시는 분 / 사랑으로 빚어낸 풀들의 향연 / 오, 주님의 영이시여." 로스미니안 가톨릭 성직 수도회 소속으로 훌륭한 시인이자 위대한 신앙인인 클레멘테 레보라(Clemente Rebora, 1885-1957년)가 쓴 이 봄의 시구들은 이번에 제시할 단어와 형상을 함축하고 있습니다.

그리스어 단어 pnéuma[프네우마]는 신약 성경에 379회 울려 퍼지며, 히브리어 단어 rûaḥ처럼 그 바탕에 '호흡, 숨, 숨쉬기, 바람'이라는 의미가 있습니다. 이 단어는 우리의 영과 레보라가 부른 '주님의 영'(성령)을 모두 가리키는 용어가 되었습니다. '영혼'

을 뜻하는 이탈리아어 anima 역시 '바람'이라는 의미의 그리스어 ánemos에서 유래했다는 것도 결코 우연이 아닙니다.

그러므로 이제 우리는 학자들이 '요한의 성령 강림'이라 부르는 파스카 축제일 저녁, 부활하신 그리스도를 주인공으로 하는 놀라운 그 장면을 쉽게 이해할 수 있습니다. "예수님께서 다시 그들에게 이르셨다. "평화가 너희와 함께! 아버지께서 나를 보내신 것처럼 나도 너희를 보낸다." 이렇게 이르시고 나서 그들에게 숨을 불어넣으며 말씀하셨다. "성령Pnéuma을 받아라.""(요한 20,21-22). 그리고 곧바로 그리스도께서는 그들에게 죄를 용서하는 권한을 주십니다. 예수님께서 잡히시기 불과 몇 시간 전 최후 만찬 자리에서, 그리고 요한 복음서 13-17장의 긴 담화이자 유언에서 사도들에게 다섯 번이나 약속하신 성령은 창조주일 뿐만 아니라 구원자이시기도 합니다.

실제로 시편 시인은 이렇게 노래합니다. "당신의 숨을 내보내시면 그들은 창조되고 당신께서는 땅의 얼굴을 새롭게 하십니다." (시편 104,30). 그러나 다른 한편으로, 성령은 세례로 새로 태어날 때 베풀어지는 구원을 통한 새 생명의 원천이기도 합니다. 예수님께서 그 유명한 밤의 만남에서 니코데모에게 이렇게 가르쳐 주셨습니다. "누구든지 물과 성령으로 태어나지 않으면, 하느님 나라에 들어갈 수 없다. 육에서 태어난 것은 육이고 영에서 태어난 것은 영이다."(요한 3,5-6). 예수님께서는 pnéuma에 내포된 같은 가치에 근거해 바람과 성령의 대비를 언급하시면서 이 주제를 설명하셨습니다. "바람은 불고 싶은 데로 분다. 너는 그 소리를 들어도 어디에서 와 어디로 가는지 모른다. 영에서 태어난 이도 다 이와 같다."(요한 3,8).

그러므로 사도행전에서 루카 복음서 저자가 묘사하는 성령 강림 장면은 그리 놀라운 모습은 아닙니다. 최후의 만찬에 모인 제자들 위에 "갑자기 하늘에서 거센 바람이 부는 듯한 소리가 나더니, 그들이 앉아 있는 온 집 안을 가득 채웠다. 그리고 불꽃 모양의 혀들이 나타나 갈라지면서 각 사람 위에 내려앉았다. 그러자 그들은 모두 성령으로 가득 찼다."(사도 2,2-4 참조). 바오로 사도는 성령께서 세례를 받은 이들에게 육체적 삶을 넘어 새로운 생명을 주시는 이 내적 '숨'에 대해 다음과 같이 결론을 짓습니다. "(여러분은) 여러분을 자녀로 삼도록 해 주시는 영을 받았습니다. 이 성령의 힘으로 우리가 "아빠! 아버지!" 하고 외치는 것입니다."(로마 8,15). 이렇게 해서 우리 영혼을 하느님과 일치시키는 일종의 내적인 영적 호흡이 우리 안에서 생겨납니다. 이는 우리로 하여금 하느님과 깊은 친밀함을 나누도록 해 주며, 예수님께서 하느님 아버지를 부르실 때 사용하셨던 애정 어린 아람어 호칭 "'Abba아빠!"를 우리도 그분께 드릴 수 있게 해 줍니다.

σάρξ
sárx

'carne살'라는 단어는 현대 문화에서 성경적 개념과는 거리가 먼 특별한 의미를 지니고 있습니다. 사실 우리에게 이 단어는 생리적 의미 외에도 성적 본능을 의미하거나 종종 더 본능적인 '육체적' 형태로 나타나기도 하며, 영혼 또는 영성과 대비되는 육체적 물질성을 가리키기도 합니다. 이제부터 sárx[사륵스]의 성경적 가치에 대해 살펴보겠습니다. 이 단어는 이탈리아어 sarcofago(석관石棺), sarcoma(육종肉腫)에서도 찾을 수 있으며, 신약 성경에 147회 사용됩니다.

히브리어의 병행 단어 basàr에서 시작하겠습니다. basàr는 생명체 차원을 강조하며, 생명체가 연약함, 시공간이 제한된 테두리 안에 갇혀 있음, 덧없고 죽을 수밖에 없는 존재와 연결되어 있음을 보여 줍니다. 이런 관점에서, 피조물과 '영'이신 하느님, 곧 영원하시고 무한하시며 완전하시고 충만하신 하느님과의 대비를 이해할 수 있습니다. 이사야 예언자는 이렇게 지적했습니다. "이집트인들은 인간일 뿐 하느님이 아니다. 그들의 군마는 고깃덩어리일 뿐 영이 아니다."(이사 31,3).

신약 성경에서는 강생의 핵심 신비에서 선명하게 나타나는 동일한 의미가 sárx에서도 나타납니다. 즉 '말씀Verbo', 영원하고 창조적인 하느님의 말씀Parola이 예수 그리스도 안에서 sárx가 됩니다. 다시 말해, 말씀이 시간과 공간, 한계와 고통, 심지어 죽음까지 경험하십니다(요한 1,1.14 참조). 이와 마찬가지로 그리스도께서 카파르나움의 회당에서 하신 생명의 빵에 관한 담화도 중요합니다. "내가 줄 빵은 세상에 생명을 주는 나의 살이다."(요한 6장 참조). 예수님의 도발은 명백하며, 음식에 대한 성경의 가장 강력한 금지 사항 중 하나가 바로 "생명 곧 피가 들어 있는 살코기를 먹어서는 안 된다."(창세 9,4)였음을 생각해 본다면, 청중들의 반응을 이해할 수 있을 것입니다.

예수님께서 당연히 식인 행위를 신성한 것으로 장려하시려 했던 것은 아닙니다. 그분은 앞서 언급한 sárx, '살'(육)의 가치, 곧 인간 존재와 인격체의 가치에 바탕을 두고 성체성사에서 실현되는 당신과 신앙인들 사이의 친밀한 친교를 제안하셨습니다. 그러므로 그리스도의 '살을 먹는' 것은 하느님과 인간 사이의 온전한 친교를 드높이는 강력하고 통렬한 표현이 됩니다. 또한 빵과 포도주의 표지는 이 심원한 일치가 인간 역사에서 실현될 수 있게 해 줍니다. 그러나 우리는 이 단어가 바오로의 언어에서 근본적으로 다른 의미를 지닌다는 것을 항상 유의해야 합니다.

사실, 이 용어는 강한 부정의 의미를 내포하고 있습니다. 곧 사도에게 '육'은 우리 안에 작용하는 죄의 원리입니다. 인간은 믿음으로 받아들인 하느님의 은총으로 이에 승리할 수 있습니다. 우리를 사악한 행위로 몰아가거나, 율법을 적당히 준수하는 것으로도 자신이 구원될 수 있다는 환상을 갖게 하는 '육'은, 우리 안에서 활동하시며 하느님과의 생생한 친교로 이끄시는 하느님의 성령과 대비됩니다. "자기의 육에 뿌리는 사람은 육에서 멸망을 거두고, 성령에게 뿌리는 사람은 성령에게서 영원한 생명을 거둘 것입니다."(갈라 6,8). "하느님의 영이 여러분 안에 사시기만 하면, 여러분은 육 안에 있지 않고 성령 안에 있게 됩니다."(로마 8,9).

바오로 사도가 로마 신자들에게 보낸 서간에서 "(하느님께서) 당신의 친아드님을 죄 많은 육의 모습을 지닌 속죄 제물로 보내시어 그 육 안에서 죄를 처단하셨습니다."(로마 8,3)라고 단언하는 것은 '육'이라는 단어에서 이처럼 새롭게 가져온 개념 때문입니다. '모습'이라는 단어는 하느님의 아들이 단지 인간의 외모를 지니셨음만을 의미하지 않습니다. 바오로 사도는 그리스도께서 "육으로는 다윗의 후손으로 태어나셨고"(로마 1,3), 따라서 육신을 취하신 진정한 사람이 되셨다고 주장하기 때문입니다. 그러나 그분은 자신 안에 '죄의 육'이자, 우리 안에서 작용하는 부정적이고 파괴적인 힘을 가지고 있지 않으십니다.

SATANÂS 사타나스: 사탄
DIÁBOLOS 디아볼로스: 악마

Σατανᾶς / διάβολος

Satanâs / diábolos

세 명의 유명한 작가가 있었습니다. 그들 사이에는 서로 다른 점이 많았지만, 악마에 대한 관점은 (비록 조금의 차이는 있었어도) 일치하였습니다. 프랑스의 시인 샤를 보들레르Charles Baudelaire는 "악마의 가장 큰 술책은 우리로 하여금 그들이 존재하지 않는다고 믿게 만드는 것이다."라고 했습니다. 프랑스의 소설가이자 무신론자인 앙드레 지드André Gide는 "나는 악마를 믿지 않지만, 악마는 우리가 자신을 믿지 않기를 바란다."라고 주장합니다. 이탈리아의 소설가 조반니 파피니Giovanni Papini는 "악마의 마지막 술책은 자신의 죽음을 사방에 알리는 것이다."라고 단언했습니다. 하지만 악마는 신약 성경에서 활발하게 활동하는 모습으로 등장합니다.

히브리어에서 기인한 단어 Satanâs([사타나스], 사탄)는 36회 사용되며, 이에 대응하는 그리스어 단어 diábolos([디아볼로스], 악마)는 37회 사용됩니다. 따라서 이들은 민중 신화의 잔재물로 쉽게 치부해 버릴 수 없는 중요성을 지니는 존재들입니다. 때때로 성경에서는 성스러운 것, 선함, 긍정성, 성전과 하느님의 영역에 대비되며, 모든 '부정한 것'을 가리키는 '더러운 영spirito immondo'이 언급됩니다. 물론 질병을 죄에 대한 형벌로 여긴 고대의 관습 때문에, 어떤 경우에는 간질(마르 9,14-27의 더러운 영이 들린 아이 참조) 또는 조울병(마르 5,1-20의 더러운 영이 들린 사람 참조) 같은 특정 증후군에서도 사탄의 존재를 식별하려고 하는 경향이 있었습니다.

사탄은 '적대자, 고발자'라는 의미이며, 욥기에서는 천상 어전에서 사람들의 죄를 고발하는 일종의 검찰관을 가리키기도 합니다(욥 2,1-7). 이와 달리 그리스어 diábolos는 '나누는 자'라는 뜻입니다. 이 단어는 전적으로 부정적인 의미를 지닙니다. 악마는 하느님을 인간에게서 떼어 놓으려 하는 유혹자입니다. 성경에서는 이러한 개념이 지배적입니다. 사탄은 인간 역사에서 어둠의 존재로 나타나 인간 자유의 저울을 악으로 기울어지게 하려 합니다. 이는 하느님의 은총이 인간의 자유를 선으로 인도하는 것과 반대입니다.

그리스도께서는 '더러운 영demonio'이 들린 사람에게 직접 명령하십니다. 예를 들어, 회당에서 하느님의 말씀을 듣기 위해 모여 있던 이들 중 한 명이 갑자기 소리를 지르며 예수님께 말할 때,

"예수님께서 그에게 "조용히 하여라. 그 사람에게서 나가라." 하고 꾸짖으시니, 더러운 영은 그 사람에게 경련을 일으켜 놓고 큰 소리를 지르며 나갔다."(마르 1,25-26)라고 합니다. 그러므로 예수님께서는 사탄, 악과 싸우고 계십니다. 사실 '적대자'는 부패의 가라지를 퍼트립니다. 사탄을 따르는 추종자들 중에는 때로 예수님의 제자들도 포함될 수 있습니다. 유명한 사례 중, 그리스도께서 베드로를 '사탄'이라 규정하시며, 그에게 반박하셨던 이야기가 있습니다. 그가 "하느님의 일은 생각하지 않고 사람의 일만 생각"했기 때문입니다(마태 16,21-23 참조).

지혜서에서는 사탄을 창세기의 유혹자 뱀과 동일시합니다. "악마의 시기로 세상에 죽음이 들어와 죽음에 속한 자들은 그것을 맛보게 된다."(지혜 2,24). 사탄은 그리스도의 죽음으로 자신의 승리를 축하하는 듯합니다. 사실 파스카는 위대한 반전의 표징입니다. 비록 사탄이 자신을 따르는 '세상'의 지지로 파괴적이고 분열적인 행위들을 계속하는 것처럼 보일지라도, 결국 그는 요한 묵시록의 강력한 상징이 표현하는 것처럼 "불과 유황 못"(묵시 20,10)에 던져져 영원토록 고통받을 운명에 처할 것입니다. 예수님께서도 당신과 제자들의 행위로 "사탄이 번개처럼 하늘에서 떨어지는 것"(루카 10,18)을 보셨습니다. 그리스도교 신앙의 가장 중요하고 필연적인 주체는 그리스도이시라는 사실을 잊어서는 안 됩니다.

σοφία

sophía

지름 30미터의 돔 지붕을 자랑하는 콘스탄티노플(현재의 이스탄불)의 산타 소피아(하기아 소피아) 대성당은 건축 예술의 진정한 걸작입니다. 이 대성당은 6세기 유스티니아누스 황제의 명으로 건축되었고, 하느님 지혜sophía의 자리이신 하느님의 어머니 마리아께 봉헌되었습니다. 그분의 모태에서 천상 아버지의 아드님께서 사람이 되셨기 때문입니다. 이 대성당은 1453년 콘스탄티노플이 오스만 제국에 함락당하면서 이슬람 사원으로 사용되었고, 20세기에 들어와서는 박물관이 되었지만, 2020년 논란의 여지가 있는 정치적 결정에 의해 다시 이슬람 사원으로 되돌려졌습니다.

그리스도교 전통에서 sophía[소피아]는 성령께서 주시는 선물, 곧 '지혜'이기에 성령을 지칭하기도 합니다. 신약 성경에 51회, 형용사 'sophós지혜로운'의 형태로 20회 사용되는 이 단어는 그리스도께서 스스로의 속성으로 삼으셨습니다. 실제로 "저자는 먹보요 술꾼이며 세리와 죄인들의 친구다."라는 비난이 있자, 마태오 복음사가는 "지혜가 옳다는 것은 그 지혜가 이룬 일로 드러났다."(마태 11,19)라고 설명했습니다. 루카 복음사가는 이 문장을 이렇게 바꾸어 표현했습니다. "지혜가 옳다는 것을 지혜의 모든 자녀가 드러냈다."(루카 7,35).

그리하여 지혜에는 성령과 그리스도, 마리아 외에 또 다른 적용이 도입됩니다. 이는 하느님께서 예수님 안에서 이룩하신 일들을 알아보고 받아들이는 그리스도인들 역시 지혜로운 사람들임을 드러내는 것입니다. 이들은 예수님의 고향 나자렛 사람들과는 다릅니다. 그들은 놀라워하면서도 회의적인 태도로 이렇게 물었습니다. "저 사람이 어디서 저런 지혜와 기적의 힘을 얻었을까?"(마태 13,54). 예수님께서 자신을 완전한 현인의 본보기인 솔로몬 왕에 비유한 것도 결코 우연이 아닙니다. 그러나 그분은 씁쓸하게 이렇게 결론지어야 합니다. "심판 때에 남방 여왕이 이 세대와 함께 되살아나 이 세대를 단죄할 것이다. 그 여왕이 솔로몬의 지혜를 들으려고 땅끝에서 왔기 때문이다. 그러나 보라, 솔로몬보다 더 큰 이가 여기에 있다."(마태 12,42).

구약 성경에서도 지혜는 하느님의 속성일 뿐만 아니라, 의롭고 지혜로운 이들의 특성이기도 하며, '지혜 문학'이라고 불리는 특정 문학 양식에도 속합니다. 지혜 문학에는 욥기, 시편, 잠언, 코헬렛, 아가, 지혜서, 집회서가 있습니다. 이 일곱 권의 책들은 각기 고유한 특징을 가지고 있는 작품으로, 히브리인들은 이 책들을 Ketubîm, 곧 '성문서'라고 명명하였습니다.

바오로 사도는 그리스도교의 지혜에 관해 더욱 강렬한 성찰을 남겼습니다. 바오로는 잠언에서 인격화된 하느님의 지혜에 부여된 창조주의 역할을 그리스도께 적용합니다(잠언 8,22-31 참조). 콜로새 신자들에게 보낸 서간의 시작 부분에 나오는 그리스도 찬가에서 "하늘에 있는 것이든 땅에 있는 것이든 보이는 것이든 보이지 않는 것이든 왕권이든 주권이든 권세든 권력이든 만물이 그분을 통하여 또 그분을 향하여 창조되었습니다."(콜로 1,16)라고 밝힙니다. 그러나 바오로 사도가 그리스도를 특히 칭송하는 내용은 코린토 신자들에게 보낸 첫째 서간의 1-2장에서 볼 수 있습니다. "그리스도는 하느님의 힘이시며 하느님의 지혜이십니다."(1코린 1,24).

그러나 이와 같은 존엄한 품격은 그리스도께서 십자가에 못 박히시어, "유다인들에게는 걸림돌이고 다른 민족에게는 어리석음"(1코린 1,23)이 되시면서 역설적으로 나타납니다. 이처럼 두 지혜, 곧 고귀함과 위대함으로 교만한 세상의 지혜와 겸손과 약함의 표지인 십자가의 지혜가 서로 대립합니다. 바오로 사도는 이사야 예언서에 나오는 하느님의 말씀을 인용해 선포합니다. "나는 지혜롭다는 자들의 지혜를 부수어 버리고 슬기롭다는 자들의 슬기를 치워 버리리라."(1코린 1,19). 그러고 나서 이렇게 결론을 내립니다. "사실 세상은 하느님의 지혜를 보면서도 자기의 지혜로는 하느님을 알아보지 못하였습니다. 그래서 그분께서는 복음 선포의 어리석음을 통하여 믿는 이들을 구원하기로 작정하셨습니다."(1코린 1,21).

바오로 사도의 복음 선포는 "지혜롭고 설득력 있는 언변으로 이루어진 것이 아니라, 성령의 힘을 드러내는 것으로 이루어졌습니다. 여러분의 믿음이 인간의 지혜가 아니라 하느님의 힘에 바탕을 두게 하려는 것이었습니다. … 그러나 그 지혜는 이 세상의 것도 아니고 파멸하게 되어 있는 이 세상 우두머리들의 것도 아닙니다. 우리는 하느님의 신비롭고 또 감추어져 있던 지혜를 말합니다."(1코린 2,4-7).

σῶμα
sôma

"예수님께서 빵을 들고 찬미를 드리신 다음, 그것을 떼어 제자들에게 주시며 말씀하셨다. "받아 먹어라. 이는 내 몸sôma이다."" (마태 26,26). 성찬례에서 사제가 매번 되풀이하는 그리스도의 이 말씀을 따라, '몸'을 의미하며 신약 성경에 142회 울려 퍼지는 그리스어 단어 sôma[소마]를 살펴보려고 합니다. 지상 생애의 마지막 저녁, 최후 만찬에서 예수님께서 하신 이 말씀 중 sôma는 빵과 포도주의 표징을 통해 당신 자신을 신자에게 내어 주시는, 곧 친교의 포옹으로 자신을 선사하시는 그분의 인격 자체를 가리키는 것이 분명합니다.

성경은 인간 존재를 육체와 생명, 영과 의식이 통합된 하나의 단일체로 봅니다. 이는 영적 영혼과 물질적 육체를 마치 서로 밀어 내면서도 반드시 공존해야 하는 양극처럼 명확하게 구분했던 고대 그리스 문화와 다른 점입니다. 실제로 셈족인들에 따르면, 우리는 몸 안에서, 몸과 함께 살고 소통하기 때문에 '몸 그 자체가 곧 우리 존재입니다siamo'. 이에 반해 서구인들은 통제하고, 혐오하거나 우상화하는 하나의 몸을 '가지고 있습니다abbiamo'. 이에 비추어 볼 때, 성경에서 '몸적 존재corporeità'가 얼마나 중요한지를 이해할 수 있습니다.

흔히 말하듯이, 몸은 사실상 그 사람의 인격체와 일치하며, 무력함과 연약함, 불행의 표지인 육체성carnalità으로만 그치지 않습니다. 육체성은 몸의 한 측면이기도 합니다. 아가서는 두 연인의 몸의 아름다움과 성적인 요소를 칭송하는 데 주저하지 않습니다(아가 4장; 5장; 7장). 따라서 이미 구약 성경(에제 37장 참조)에서, 그리고 신약 성경에서 독보적이고 최고로 표현된 구원받은 피조물의 최후의 운명(그리스도와 그리스도인들의 파스카)이 단지 영혼만의 불멸이 아닌 육신의 부활이라는 사실은 놀랍지 않습니다. 마찬가지로 그리스도의 공생활이 설교뿐 아니라 병자 치유를 중심으로 이루어진 점도 중요합니다.

예수님께서는 공생활의 절반을 인간의 몸에 집중하셨습니다. 그분께서는 기적들을 일으키시어 인간의 몸이 그 영광을 되찾을 수 있도록 해 주셨으며, 또한 앞서 언급했듯이 성체성사로 당신의 몸을 양식으로 내어 주셨습니다. 몸은 인격의 표현이기에, 그로 인해 예수님과 신앙인 사이에는 막연한 영적 친교가 아닌, 인격적 친교가 이루어졌습니다. 바오로 사도는 코린토 신자들에게 보낸 첫째 서간에서 교회를 부활하신 그리스도의 몸으로 이해하고, 코린토 신자들에게 다음과 같은 수사학적 질문을 던집니다. “여러분의 몸이 여러분 안에 계시는 성령의 성전임을 모릅니까?”(1코린 6,19; 12,12-30 참조).

물론, 우리 몸에는 죽음의 낙인과 죄의 상처가 있습니다. 바오로 사도는 ‘죽을 몸’과 ‘죄의 몸’이라는 표현을 사용합니다. 그러나 하느님 아드님의 강생으로 우리의 죽어야 할 몸과 죄의 몸은 무덤에 묻혔고, ‘영적인 몸’, 즉 하느님의 성령으로 생기를 찾은 몸으로 다시 태어납니다. “그리스도께서는 … 우리의 비천한 몸을 당신의 영광스러운 몸과 같은 모습으로 변화시켜 주실 것입니다.”(필리 3,21). 사실, 우리가 나아가는 목표, 곧 부활은 온전한 구원을 향한 열망으로 우리 안에 이미 새겨져 있습니다. 그래서 우리 자신도 “하느님의 자녀가 되기를, 우리의 몸이 속량되기를 기다리며 속으로 탄식하고 있습니다.”(로마 8,23).

바오로 사도가 코린토 신자들에게 보낸 첫째 서간의 15장에서도 논증하듯, 새 창조 안에서 우리의 영광스러운 몸의 운명이 어떻게 될 것인지 정의하기는 어렵습니다. 하지만 우리는 우리 몸에 영광스러운 운명이 있음을 압니다. 그렇기 때문에 우리는 지금부터 미리 하느님께 우리의 몸을 봉헌해야 합니다. 우리의 몸은 인격과 실존의 표현이기 때문입니다. "여러분의 몸을 하느님 마음에 드는 거룩한 산 제물로 바치십시오. 이것이 바로 여러분이 드려야 하는 합당한 예배입니다."(로마 12,1).

σωτηρία
sôtêría

모든 종교의 핵심인 '구원'이라는 단어 속에는 속량, 용서, 속죄, 화해, 은총, 회개, 부활, 의로움, 영원한 생명 등 여러 관련 단어들이 마치 별자리처럼 무리를 형성하고 있습니다. 동사 'sôzô구원하다'를 어근으로 둔 이 단어는 '구원', '구세주' 등 그 중요성이 드러나는 변형들과 함께 신약 성경에서 192회 사용됩니다. 게다가 이 주제는 히브리어의 어근 jashah'를 통해 구약 성경에서도 이미 중요한 의미를 지니며, 여호수아, 요시야, 이사야, 호세아 등 중요 인물들의 이름에서도 그 바탕이 됩니다.

또한 우리는 이 단어의 동일한 어근이 예수라는 이름의 본질이라는 것도 알고 있습니다. 천사가 요셉에게 나타나 상기시켜 주었습니다. "마리아가 아들을 낳으리니 그 이름을 예수라고 하여라.

그분께서 당신 백성을 죄에서 구원하실 것이다."(마태 1,21). 앞서 언급한 히브리어 동사는 그 주된 의미가 삶의 공간을 확장하는 것을 가리켰기에, 억압에 대한 승리를 표현하는 데 자주 사용되었습니다. 주님께서 이스라엘을 위해 이룩하신 위대한 구원–해방의 행위가 이집트 종살이에서의 탈출이라는 점은 우연이 아닙니다. 따라서 신체적, 역사적 차원과 종교적 관점 사이에는 긴밀한 연관성이 있습니다. 예수님께서도 구원을 육체적 악에서의 해방과 자주 연관시키셨지만, 기적을 행하실 때에는 이와 같은 연관성이 믿음으로 이루어질 것을 요구하십니다. 그러한 연유로 예수님께서는 치유가 이루어졌을 때 자주 이렇게 말씀하십니다. "네 믿음이 너를 구원하였다."(루카 17,19).

동사 sôzô는 신약 성경에 106회 나오지만, 여기서는 예수님의 어린 시절에서 시작해 45회 사용된 명사 sôtêría([소테리아], 구원)에 대해 다뤄 보고자 합니다. 실제로 즈카르야는 아들인 요한 세례자의 탄생을 두고 찬가를 부르면서 "당신 종 다윗 집안에서 우리를 위하여 힘센 구원자를 일으키셨습니다."(루카 1,69)라고 선포하였습니다. 이는 곧 요한 세례자가 직접 백성에게 소개할 구세주 예수님을 의미합니다. 연로한 시메온은 새로 태어난 아기 예수님을 두 팔에 받아 안고 기뻐하며 찬미합니다. "제 눈이 당신의 구원sôtêrion을 본 것입니다."(루카 2,30). sôtêrion은 sôtêría가 변형된 형태입니다.

그리스도께서 나자렛 회당에서 하신 장엄한 담화에서 상기하셨듯이, 그리스도께서 선포하실 복음은 온전한 구원의 선포일 것입니다. 그분은 해방과 기쁨의 복음을 "가난한 이들에게" 전하기 위해 파견되셨다고 선언하십니다(루카 4,18-19 참조). 또한 바오로 사도는 복음을 "먼저 유다인에게 그리고 그리스인에게까지, 믿는 사람이면 누구에게나 구원을 가져다주는 하느님의 힘"(로마 1,16)이라고 규정합니다. 그러므로 구원은 구약 성경과 신약 성경을 관통하는 하느님의 보편적 선물이며, 몸과 정신을 포괄하고, 사회와 민족의 경계를 초월하며, 역사와 영원을 엮어 냅니다.

이에 대해 루카 복음서나 요한 복음서에서는 구원이 믿음과 사랑, 그리고 은총의 삶으로 현재의 실존 안에서 이미 시작되었다고 주장합니다. 예수님께서는 자캐오에게 "오늘 이 집에 구원이 내렸다."(루카 19,9)라고 말씀하셨습니다. 한밤중에 니코데모와 나누셨던 대화에서 그리스도는 이렇게 선언하십니다. "하느님께서 아들을 세상에 보내신 것은, 세상을 심판하시려는 것이 아니라 세상이 아들을 통하여 구원을 받게 하시려는 것이다."(요한 3,17). 그러나 부활을 통해 죽음을 이기신 그리스도의 지극히 높은 승리에 원천을 둔 구원은 때가 찼을 때 그 완성을 이루게 될 것입니다. "끝까지 견디어 내는 이는 구원을 받을 것이다."(마르 13,13). 그러므로 세례성사를 받을 때 우리는 살아 있고 활동하는 구원의 씨앗을 받으며, 이

씨앗은 마지막 영광 때에 충만하게 개화할 것입니다. 사실 부활하신 그리스도께서는 당신과 함께 식탁에 앉은 열한 제자에게 이렇게 선언하셨습니다. "믿고 세례를 받는 이는 구원을 받고 믿지 않는 자는 단죄를 받을 것이다."(마르 16,16).

ὕδωρ
hýdôr

드넓게 펼쳐진 바다가 눈앞에 보이는 해변이나, 바위와 무성한 초목들 사이로 쏟아지는 '신선하고 시원한 물'의 정경은 언제 보더라도 우리의 마음을 사로잡습니다. 그 중심에는 '물'이 있습니다. 물은 그리스어로 hýdôr[휘도르]이며 신약 성경에 76회 사용됩니다. 이 단어에서 이탈리아어 형용사 'idrico물의'와 명사 'idrografia수문학'이 파생되었습니다. 프란치스코 성인이 노래했듯이, "매우 유익하고, 겸손하며, 귀하고, 정결한" 물은 우리 몸의 65%를 차지하고 있으며, 지구 표면의 73%를 덮고 있고, 그 부피는 무려 약 20억 세제곱킬로미터에 달합니다. 물의 중요성에 대해서는 수없이 많은 이야기와 기록들이 있지만, 안타깝게도 물의 오염, 낭비, 그리고 분배의 '불공정'에 대한 문제도 제기되고 있습니다(프란치스코 교황의 회칙 「찬미받으소서Laudato si'」, 27-31항 참조).

지금부터 구약 성경에서 생명과 정화의 표지로 칭송되었던 물의 영성적, 상징적 가치에 대해 살펴보겠습니다. 사실 메시아 시대에는 "광야에서는 물이 터져 나오고 사막에서는 냇물이 흐르리라. 뜨겁게 타오르던 땅은 늪이 되고 바싹 마른 땅은 샘터가 되는 것을 볼"(이사 35,6-7 참조) 것입니다. 이는 인간 안에 하느님께서 이루신 새로운 탄생과 구원을 분명하게 묘사하는 방식입니다. 또한 물은 하느님 말씀의 표지이기도 합니다. "비와 눈은 하늘에서 내려와 그리로 돌아가지 않고 오히려 땅을 적시어 기름지게 하고 싹이 돋아나게 하여 씨 뿌리는 사람에게 씨앗을 주고 먹는 이에게 양식을 준다. 이처럼 내 입에서 나가는 나의 말도 나에게 헛되이 돌아오지 않고 반드시 내가 뜻하는 바를 이루며 내가 내린 사명을 완수하고야 만다."(이사 55,10-11).

신약 성경에 들어서서는 이 중요한 생명의 요소가 그리스도의 표징이 됩니다. 이는 사마리아 여자와의 대화를 통해서 짐작할 수 있습니다. "내가 주는 물을 마시는 사람은 영원히 목마르지 않을 것이다. 내가 주는 물은 그 사람 안에서 물이 솟는 샘이 되어 영원한 생명을 누리게 할 것이다."(요한 4,14). 요한 복음서의 저자가 십자가에 못 박히신 그리스도의 옆구리에서 "피와 물이 흘러나왔다."(요한 19,34)라고 강력하게 증언하는 것도 바로 이런 이유 때문입니다. 또한 예수님께서 사마리아 여자에게 하신 말씀에서도 알 수 있듯이, 물은 하느님의 행위로 그 영이 침투해 들어가 믿는 이의 내부를 변화시키는 것을 상징합니다.

이와 같은 맥락에서 예수님께서는 히브리인들의 초막절 축제에서 이렇게 외치셨습니다. ""목마른 사람은 다 나에게 와서 마셔라. 나를 믿는 사람은 성경 말씀대로 '그 속에서부터 생수의 강들이 흘러나올 것이다.'" 이는 당신을 믿는 이들이 받게 될 성령을 가리켜 하신 말씀이었다. 예수님께서 영광스럽게 되지 않으셨기 때문에, 성령께서 아직 와 계시지 않았던 것이다."(요한 7,37-39). 그 축제에는 예루살렘 실로암 못의 물을 이용한 행렬 의식이 포함되어 있었습니다. 더 나아가 우리는 이스라엘 성지의 두 가지 수문학적 요소가 지닌 중요성을 간과해서는 안 됩니다. 하나는 그리스도께서 세례를 받으셨던 요르단강이고, 다른 하나는 예수님께서 공생활을 시작하신 첫 지리적 배경인 티베리아스 호수입니다. 호숫가에서 제자들을 부르셨고, 폭풍을 잠재우셨으며, 그곳에서 설교하셨고, 그 호수가 내려다보이는 카파르나움에서 머무셨던 것을 생각해 보는 것만으로도 그 중요성을 충분히 알 수 있습니다.

성경의 언어에서는 이 호수를 '바다'라고 부르기도 했습니다. 이는 거대한 호수를 부르는 명칭이기도 했습니다. 이 시점에서 물의 또 다른 얼굴, 곧 부정적이고 파괴적인 모습을 정확하게 규정할 필요가 있습니다. 창세기의 홍수 이야기(6-9장 참조)를 모르는 사람이 있을까요? 성경에서 바다는 자주 하느님의 창조에 반대되는 악과 무의 상징으로 여겨졌습니다. 그리스어로 바다는 thálassa이며, 신약 성경에 91회 인용됩니다. 다만 티베리아스 호수와만 관련된 것은 아닙니다. 그리스도께서 행하신 상징적 행위를 생각해 봅시다. 예수님께서 호수 위를 걸으셨던 것은 악과 혼돈에 대한 그분 승리의 표징이 됩니다(요한 6,16-20 참조). 이러한 관점에서 우리는 요한 묵시록이 구원된 새 창조에서 "바다도 더 이상 없었습니다."(묵시 21,1)라고 언급한 이유를 이해할 수 있습니다. 그러나 미래의 완전한 예루살렘에는 "수정처럼 빛나는 생명수의 강이 하느님과 어린양의 어좌에서 나와, 도성의 거리 한가운데를 흐르고"(묵시 22,1-2 참조) 있을 것입니다.

υἱός
hyiós

그리스도인들에게 '하느님의 아들'이라는 표현은 자연스럽게 그리스도의 모습을 즉각 떠오르게 합니다. 이는 신약 성경에서 통계적으로 확인할 수 있습니다. 예수님께서는 세 공관 복음서에서 31회, 요한 복음서에서 23회, 사도행전에서 3회, 신약 성경의 여러 서간들에서 42회, 그리고 요한 묵시록에서 1회 하느님의 아들로 선포되십니다. 따라서 이 칭호에는 특별한 그리스도론적 의미가 부여되어 있으며, 이 칭호는 그리스도 이전과 이후, 곧 구약과 신약의 역사에서 모두 등장합니다.

그리스도라는 의미 이면에 무엇이 있는지부터 시작해 보겠습니다. 구약 성경에서 '하느님의 아들'이라는 표현은 더 일반적인 의미를 지녔으며, 통상적으로는 천사들에게 주로 적용되었습니다(참

조: 욥 1,6; 2,1; 38,7). 한편 이스라엘 백성이 이집트의 종살이에서 해방되는 순간, 주님께서 친히 "이스라엘은 나의 맏아들이다."(탈출 4,22)라고 선언하셨습니다. 이는 하느님을 아버지의 모습으로 본데서 비롯된 것이기도 합니다. 주님께서는 호세아 예언자에게 고백하셨습니다. "이스라엘이 아이였을 때에 나는 그를 사랑하여 나의 그 아들을 이집트에서 불러내었다. 내가 에프라임에게 걸음마를 가르쳐 주고 내 팔로 안아 주었다."(호세 11,1.3 참조).

하느님께서는 아버지이시기 때문에 종이 된 아들을 해방하시기 위해 헌신하십니다. 다시 말해 히브리어로 'go'el속량자'이라고 불리시며, 구속救贖하고 해방하시는 아버지의 역할을 수행하셔야 하는 것입니다. 그러나 더 나아가야 할 다른 단계가 있습니다. 히브리인 개개인들 역시 '하느님의 아들'로 정의될 수 있습니다. 다윗 가문의 경우가 그러합니다. 주님께서는 이렇게 선언하셨습니다. "나도 그를 맏아들로, 세상 임금들 가운데 으뜸으로 세우리라. 너는 내 아들. 내가 오늘 너를 낳았노라."(시편 89,28; 2,7). 이는 다윗 왕조에게 하느님의 대리인으로서 주권자의 기능을 정당화시켜 주는 일종의 공적 입양입니다. 그러나 단순한 신앙인에게도 하느님을 아버지로 인정하는 관계가 인정되기도 합니다. "자신을 주님의 자식이라고 부른다. 하느님이 자기 아버지라고 자랑한다."(지혜 2,13.16). 또한 "의인이 정녕 하느님의 아들이라면 하느님께서 그를 도우시어 적대자들의 손에서 그를 구해 주실 것"이며, "하느님의 아들 가운데 들 것이다."(지혜 2,18; 5,5 참조).

이렇게 해서 신약 성경으로의 전환과, 그리스도를 '하느님의 아들'로 선포하는 다음 단계로 건너갈 준비가 되었습니다. 사실 그리스도인들이 하느님의 자녀로 입양될 수 있는 것도 모두 그리스도의 행위 때문입니다. 바오로 사도가 강조했듯이, 그리스도인들은 그 차원이 다르기는 하지만, hyiothesía, 곧 입양이라는 칭호를 통해 하느님 안에서 법적 자녀가 됩니다. 그래서 요한 사도는 독생자이신 그리스도를 가리키는 hyiós([휘오스], 아드님)와 우리를 가리키는 'tékna자녀들'라는, 두 가지 다른 그리스어 단어를 사용합니다.

이와 같은 우리의 자녀됨 역시 실재하며, 우리 안에 생생한 표징이 있기에, "평화를 이루는 사람들"은 "하느님의 자녀라 불릴" 이유가 있습니다(마태 5,9 참조). 사실 "하느님의 영의 인도를 받는 이들은 모두 하느님의 자녀입니다. 여러분은 사람을 다시 두려움에 빠뜨리는 종살이의 영을 받은 것이 아니라, 여러분을 자녀로 삼도록 해 주시는 영을 받았습니다. 이 성령의 힘으로 우리가 "아빠 'Abbà! 아버지!" 하고 외치는 것입니다. 그리고 이 성령께서 몸소, 우리가 하느님의 자녀임을 우리의 영에게 증언해 주십니다. 자녀이면 상속자이기도 합니다. 우리는 하느님의 상속자입니다. 그리스도와 더불어 공동 상속자인 것입니다."(로마 8,14-17).

HYPSÓÔ 휩쏘오
들어 올리다, 높이다

ὑψόω
hypsóô

이스라엘 성지를 순례해 본 적이 있는 사람이라면 부활하신 그리스도께서 하늘로 오르심을 기념하며 올리브산 정상에 오른 기억이 있을 것입니다. 그 산 정상에 처음에는 비잔틴 제국이, 다음에는 십자군이 작은 성전을 세웠습니다. 돔 형태의 지붕은 처음에는 없었지만, 이슬람 사원으로 바뀌면서 증축되었습니다. 조금만 상상력을 발휘하면, 바위 위에 예수님께서 하늘로 오르면서 밟으셨던 발자국이 보일 것입니다. 15세기 말, 위대한 화가 안드레아 만테냐A. Mantegna는 세 폭의 제단화를 제작했습니다. 현재 피렌체 시의 우피치 미술관에서 소장 중인 그 제단화 중에는 작은 구름이 수놓은 청명한 하늘에 천사들에 둘러싸여 계신 그리스도를 그린 작품이 있습니다.

주님 승천 사건(참조: 루카 24,50-53; 사도 1,6-11)의 심원한 의미를 마치 우주 비행이라도 하는 것처럼 공간적 의미로 이해해서는 안 됩니다. 사실 천상은 신적 영역의 상징과도 같았습니다. 지금까지는 우리의 지상이라는 역사적 지평 안에 계셨던 예수님께서 부활과 더불어 하느님 아드님의 영원과 무한의 영광으로 되돌아가십니다. 바로 이런 이유 때문에 요한 사도는 복음서에서, 바오로 사도는 서간들의 몇몇 단락에서 그리스도의 파스카를 '들어 올려짐'으로 제시하고 있습니다. 따라서 이번에 알아볼 단어는 그리스어 동사 hypsóô[휩쏘오]입니다. 신약 성경에 20회 나오는 이 동사에서 높이를 의미하는 명사 hýpsos(6회 사용), '지극히 높으신' 하느님 또는 천상 영역을 포괄하는 최상급 표현인 hýpsistos(13회 사용)와 같은 유사 단어들이 파생되었습니다.

여기서는 그리스도의 부활에 관한 표현 중에 '들어 올려짐' 또는 '높여짐'에 집중하겠습니다. 먼저 흥미로운 자료가 담긴 네 번째 복음서를 들여다보겠습니다. 예수님께서는 십자가에서의 '들어 올려짐'을 이미 진정한 의미의 승천-부활로 제시하십니다. "모세가 광야에서 뱀을 들어 올린 것처럼, 사람의 아들도 들어 올려져야 한다. 너희는 사람의 아들을 들어 올린 뒤에야 내가 나(성경의 하느님 이름)임을 깨달을 … 것이다. 나는 땅에서 들어 올려지면 모든 사람을 나에게 이끌어 들일 것이다."(요한 3,14; 8,28; 12,32).

십자가 위에서 그리스도께서는 마치 보편적 군주로서의 존엄에 오르시는 듯한 모습을 보이십니다. 죄인의 십자가 형틀이 왕좌로 바뀌었습니다. 그러므로 십자가에 매달리심은 이미 그분의 파스카 영광이며, "모든 사람을 나에게 이끌어 들일 것이다."(요한 12,32)라고 하신 것처럼, 골고타의 돌들 사이에 세워진 저 나무를 향해 속량된 인류가 모여듭니다. 강생을 통해 그리스도께서는 하느님의 세계에서 내려오시어 우리 가운데 오시고, 우리와 같아지셨습니다. 죽음으로 그분은 역사적 비유를 마치셨지만, 하느님의 아들로서 당신께 속한 초월적이고 영원하며 무한한 저 지평으로 "들어올려"(요한 3,14)지셨습니다.

바오로 사도는 필리피 신자들에게 보낸 서간의 유명한 찬가에서 이러한 내려오심과 올라가심을 노래했습니다. 이 찬가를 인용해 동사 hypsóô에 대한 묵상을 마무리하고자 합니다. "(그분께서는) 당신 자신을 낮추시어 죽음에 이르기까지, 십자가 죽음에 이르기까지 순종하셨습니다. 그러므로 하느님께서도 그분을 드높이 올리시고 모든 이름 위에 뛰어난 이름을 그분께 주셨습니다. 그리하여 예수님의 이름 앞에 하늘과 땅 위와 땅 아래에 있는 자들이 다 무릎을 꿇고 예수 그리스도는 주님이시라고 모두 고백하며 하느님 아버지께 영광을 드리게 하셨습니다."(필리 2,8-11).

베드로 사도는 이미 최고 의회 앞에서 이렇게 선포한 바 있습니다. "하느님께서는 그분을 영도자와 구원자로 삼아 당신의 오른쪽에 들어 올리시어, 이스라엘이 회개하고 죄를 용서받게 하셨습니다."(사도 5,31).

φῶς
phôs

"빛이 이 세상에 왔지만, 사람들은 빛보다 어둠을 더 사랑하였다."(요한 3,19). 예수님께서 밤중에 니코데모에게 고백하신 이 쓰라린 진리는 안타깝게도 오늘날 인류 역사에도 적용될 수 있는 말일지 모릅니다. 바깥으로 빛이 퍼져 나간다고 해서 전쟁과 가난, 소외와 고독, 난민에게 드리운 어둠을 몰아내지 못합니다. 그러나 지금 우리가 살펴보는 그리스어 단어 phôs[포스]가 신약 성경에 73회 나오는 생명과 선, 진리의 지고한 상징이라는 것을 우리는 알고 있습니다.

"하느님께서 말씀하시기를 "빛이 생겨라." 하시자 빛이 생겼다."(창세 1,3). 무無의 어둠을 찢는 이 빛줄기에서부터 성경 전체에 빛이 퍼져 나가 충만하게 스며듭니다. 요한 사도는 자신의 첫째 서간에서 "하느님은 빛"(1요한 1,5)이시라고 선언하며, 물리적 실재가 지닌 최고의 상징적 가치를 드러냈습니다. 그리스도께서는 "나는 세상의 빛이다."(요한 8,12)라고 자신을 소개하시고, 요한 복음서의 유명한 머리글에서는 그분께서 역사와 세상 속으로 들어오시는 모습을 "모든 사람을 비추는 참빛"(요한 1,9)으로 묘사합니다. 그러나 불행하게도, 예수님께서는 니코데모와의 대화에서 계속해서 말씀하셨습니다. "악을 저지르는 자는 누구나 빛을 미워하고 빛으로 나아가지 않는다. 자기가 한 일이 드러나지 않게 하려는 것이다."(요한 3,20).

모든 종교에서 빛은 신성함의 상징입니다. 빛은 신의 두 가지 본질적 측면을 요약하기 때문입니다. 곧, 신은 초월적이며, 빛은 우리 외부에 존재하면서 우리를 초월합니다. 그러나 신은 인간 역사와 창조 안에 현존하기도 합니다. 이는 마치 우리를 감싸고, 따듯하게 하며, 우리에게 스며들고, 드러내는 빛과 같습니다. 그렇기 때문에 신앙인 역시 빛으로 가득합니다. 시나이산 정상에서 주님과 대화를 한 모세의 얼굴이 환하게 빛났던 것을 생각해 보십시오(참조: 탈출 34,33-35; 2코린 3,12-18). 거룩한 변모의 산에서 눈부시게 나타나실 그리스도께서는 그리스도인 역시 등경 위의 등불이 되어 주위의 어둠을 밝히도록 초대하셨습니다. "너희는 세상의 빛이다. … 이와 같이 너희의 빛이 사람들 앞을 비추어라."(마태 5,14-16 참조).

하느님께서 찾아오시면 우주와 인류의 역사도 빛으로 물듭니다. 이사야 예언자가 노래하는 메시아 시대를 예로 들어 보겠습니다. "어둠 속을 걷던 백성이 큰 빛을 봅니다. 암흑의 땅에 사는 이들에게 빛이 비칩니다."(이사 9,1). 땅은 하느님의 상징인 빛으로 가득 차 있으며, 거룩한 도성이 특히 그러합니다. "일어나 비추어라. 너의 빛이 왔다. 주님의 영광이 네 위에 떠올랐다. 자 보라, 어둠이 땅을 덮고 암흑이 겨레들을 덮으리라. 그러나 네 위에는 주님께서 떠오르시고 그분의 영광이 네 위에 나타나리라. 민족들이 너의 빛을 향하여, 임금들이 떠오르는 너의 광명을 향하여 오리라."(이사 60.1-3).

이사야서의 이 마지막 연에서, 성경의 다른 많은 구절과 마찬가지로 우리가 처음에 언급했던 빛과 어둠의 대비가 묘사되어 있습니다. 암흑은 존재와 생명, 선과 진리의 부정입니다. 이런 이유로 천상 빛의 반대편인 지옥은 어둠에 잠겨 있으며, "어둠과 암흑의 땅, 칠흑같이 캄캄한 땅, 혼란과 암흑만 있고 빛마저 칠흑 같은 곳"(욥 10,21-22 참조)입니다.

역사의 최종 목표인 천상 예루살렘은 더 이상 어둠이나 태양과 등불 같은 물질적인 빛이 필요하지 않을 것입니다. 그 위에는 새 태양과 새 빛이 빛날 것이기 때문입니다. "다시는 밤이 없고 등불도 햇빛도 필요 없습니다. 주 하느님께서 그들의 빛이 되어 주실 것이기 때문입니다."(묵시 22,5). 위대한 시인 괴테가 임종 전 마지막으로 외친 "빛을 더Mehr Licht!"라는 호소가 오늘날 우리 시대가 하느님께서 비추어 주시는 영적인 빛에 더욱 깊게 감싸여 있기를 염원하는 좌우명이 될 수 있기를 바랍니다.

χάρις
cháris

'은총'의 신학을 말할 때, 우리는 먼저 바오로 사도가 서간들에서 제시한 성찰을 떠올리게 됩니다. 그러나 이 주제는 이미 구약 성경 안에서 드러납니다. 구약 성경에서는 몸을 굽히시어 당신의 피조물들을 구원하시고, 축복하시며, 용서하시고, 변모시키시는 하느님의 자유로운 관대함을 찬양합니다. 구약 성경에서 'ḥen은총', 'ḥèsed자애', ''èmet진리'와 같은 히브리어 단어들이 선물, 호의, 은혜, 충실 등 무지갯빛 뉘앙스로 이 개념을 표현합니다. 시나이 산에서 당신 자신을 정의하신 하느님의 말씀이 이를 잘 보여 줍니다. "주님은 자비하고 너그러운 하느님이다. 분노에 더디고 자애와 진실이 충만하다."(탈출 34,6 참조).

당신 백성의 한계와 비참함에도 불구하고, 하느님께서는 당신의 '은총 어린' 구원하는 사랑을 거두지 않으십니다. "주님께서 너희에게 마음을 주시고 너희를 선택하신 것은, 너희가 어느 민족보다 수가 많아서가 아니다. 사실 너희는 모든 민족들 가운데에서 수가 가장 적다. 그런데도 주님께서는 너희를 사랑하신다."(신명 7,7-8 참조). 이스라엘이 하느님께 무상으로 선택받은 것은 일체의 인간 공적을 초월하는 하느님 사랑의 표지입니다. 이렇게 해서 그리스어 단어 cháris[카리스]를 사용하는 바오로 사도의 성찰로 들어가게 됩니다. 이 단어는 신약 성경에 155회나 울려 퍼집니다.

그 심원한 의미를 이해하기 위해 한 가지 흥미로운 사실에서 출발하겠습니다. 이탈리아어 'carità사랑', 'caro사랑스러운', 'carezza애무'는 그리스어 cháris에서 파생된 단어들입니다. 은총은 사랑으로 길러집니다. 은총은 '살carne', 즉 우리를 죄로 이끄는 우리 안의 그 어두운 원리로 하느님께서 들어오시는 자유롭고 은혜로운 출입구입니다. 하느님이 먼저 우리를 찾아 우리의 길에 들어오십니다. 바오로 사도는 이사야 예언자의 말(이사 65,1)을 인용하여 이 사실을 단언합니다. "나를 찾지도 않는 자들을 내가 만나 주었고 나에 관하여 묻지도 않는 자들에게 나를 드러내 보였다."(로마 10,20).

그러므로 처음에 우리의 고독과 악을 가르고 들어오는 하느님의 사랑이 있습니다. 이 행위가 바로 은총이며, 은총 없이 우리는 한편으로는 우리의 죄에 침몰할 것이고, 다른 한편으로는 율법이 강요하는 행위를 준수함으로써 죄에서 빠져나오려는 헛된 시도를 계속할 것입니다. 오히려 우리에게는 우리를 위로 들어 올려 줄 손이 필요합니다. 이것이 바로 베르나노스G. Bernanos의 유명한 1936년작 소설『어느 시골 신부의 일기Journal d'un curé de campagne』 주인공이 마지막에 외치는 절규의 의미입니다. "모든 것이 은총이다!" 바오로 사도의 말 또한 명쾌합니다. "그리스도 예수님 안에서 이루어진 속량을 통하여 그분의 은총으로 거저 의롭게 됩니다."(로마 3,24).

믿음은 그리스도 안에서 우리에게 주어진 구원 은총을 자유롭고 기쁘게 받아들이는 것입니다. 그것은 우리 안에 주어진 하느님의 사랑을 맞아들이기 위해 영혼의 두 팔을 활짝 여는 것입니다. 바로 이것이 마리아 생애의 절대적 시작에서 일어난 일입니다. 곧, 하느님의 은총이 마리아 안으로 곧장 돌입하여, 인간의 근원적 나약함, 곧 앞서 말한 바오로적 의미의 죄의 표지로서의 '살carne'에서 마리아를 보호했습니다. 이것이 바로 마리아 안에서 하느님의 아드님의 '원죄 없으신 잉태'의 의미이며, 예수님 탄생 예고에서 천사가 마리아에게 건넨 인사의 뜻이기도 합니다. "(하느님의) 은총이 가득한 이여kecharitoménê, 기뻐하여라."(루카 1,28).

은총은 또한 우리 각자에게 특별하고 고유한 다른 선물들을 가져다줍니다. 그것이 바로 '카리스마'인데, 이는 모든 이에게 주어지고 모든 이에게 똑같은 은총cháris의 발산이지만, 동시에 각자에게 고유한 표지도 남겨 둡니다. 이 점에서 cháris는 은총의 주님께 드리는 우리의 '감사'를 표현하기도 합니다. "우리 주 예수 그리스도를 통하여 나를 구해 주신 하느님께 감사드립니다."(로마 7,25).

PSYCHÊ 프쉬케
영혼, 마음, 생명

ψυχή

psychê

이번에 살펴볼 단어는 다양하고 복합적인 의미와 정의로, 적용에 따라 서양 문화를 지배해 온 psychê[프쉬케]입니다. psychê는 '영혼'을 뜻하지만, '마음', '생명'의 의미도 있으며, 본질적으로 몸을 통해 드러나는 내면성을 가리킵니다. 이 단어는 '심리학psicologia'과 '정신 분석학psicoanalisi'의 어원이 되었고, 신약 성경에서는 103회 사용되었습니다. 성경 안에서 이 단어가 지니는 의미는 몇 가지 분명한 설명이 필요합니다.

"성경 사고에 의하면, 영혼은 그의 '살carne' 안에서 살아 있는 인간 그 자체이다. 인간은 그의 전체성 안에서 한 생명체이며, 육체와 영혼은 분리되어 존재하지 않는다." 성경에 따른 인간 개념, 이른바 '성서 인간학'을 다루는 글에서는 이와 같은 문장들을 공통적으로 볼 수 있습니다. 실제로 만약 우리가 성경 본문에 등장하는 그대로의 인간에 대해 살펴본다면, 그리스 문화가 육체를 영혼의 무덤이라고 확신하며 그 둘을 분리한 것과 달리, 인간은 영혼과 육체(살)를 분리할 수 없는 하나의 치밀한 소우주, 단일하고 살아 있는 존재임을 발견하게 될 것입니다.

성경은 영적 영혼의 불멸성을 찬양하지 않습니다. 오히려 성경 개념은 통합적 인간의 부활을 단호하게 채택할 것이며, 그리스도의 파스카가 그것의 절대적 증명입니다. 물론 그리스-로마 시기에 집성된 지혜서에 자주 나타나는 것처럼, 성경 안에서도 그리스적 관점을 반영하는 문장들이 없지 않습니다. 지혜서에는 의로운 영혼의 불멸성을 찬양하는 다음과 같은 유형의 구절들이 존재합니다. "썩어 없어질 육신이 영혼을 무겁게 하고 흙으로 된 이 천막이 시름겨운 정신을 짓누릅니다."(지혜 9,15). 그러나 지혜서의 이상적인 배경과 성경의 일관된 입장은 인간의 정신-육체적 단일성을 항구하게 표출하는 것입니다.

신약 성경을 보면 언뜻 영혼과 육체를 대비시키는 듯한 구절들을 볼 수 있습니다. "육신은 죽여도 영혼은 죽이지 못하는 자들을 두려워하지 마라. 오히려 영혼도 육신도 지옥에서 멸망시키실 수 있는 분을 두려워하여라."(마태 10,28). 그러나 예수님께서 말씀하신 "영혼을 죽이고 멸망시키는" 것이 그리스 문화의 영적 영혼 개념에서 비상식적이라는 점에서 볼 때, 성경의 인간 개념이 그리스 문화적 지평에 있지 않음을 쉽게 이해할 수 있을 것입니다.

그러므로 그리스도께서는 이 말씀과 psychê라는 단어로 초월적이며 충만한 삶, 피조물에게 은총으로 주어진 하느님의 친밀함을 바라보고 계십니다. 실제로 예수님은 이렇게 선언하셨습니다. "정녕 자기 목숨psychê을 구하려는 사람은 목숨을 잃을 것이고, 나와 복음 때문에 목숨psychê을 잃는 사람은 목숨을 구할 것이다. 사람이 온 세상을 얻고도 제 목숨psychê을 잃으면 무슨 소용이 있느냐? 사람이 제 목숨psychê을 무엇과 바꿀 수 있겠느냐?"(마르 8,35-37). 여기서 본질적으로 문제 되는 것은 생명, 곧 내면성입니다. 가장 큰 불행은 육체적 죽음이 아니라 우리의 부활, 영원한 생명의 뿌리인 하느님과의 살아 있는 친교를 잃어버리는 것입니다.

바오로 사도는 새롭게 도입한 용어 'pnéuma영'로 이 점을 명확히 밝힙니다. 피조물로서 인간은 '정신적 몸corpo psichico', 곧 psychê를 지닌 생명체이지만, 하느님께서는 인간에게 당신의 성령을 선사하시어 '영적인 몸corpo spirituale'이 되게 하신다고 바오로 사도는 말합니다. 인간 존재의 첫 번째, 곧 정신적psichico 특질은 죽음을 향하지만, 우리에게 부어 주신 하느님의 성령과 함께할 때, 우리는 부활하신 분의 영광과 영원한 생명에 들어가게 됩니다(1코린 15,42-44 참조).

χρόνος / καιρός

chrónos / kairós

'때, 시간'을 뜻하는 이탈리아어 tempo[템포]는 고대 라틴어 어근 temb([템브], 때리다)에서 파생되었습니다. 이는 마치 시간과 날이 물방울처럼 운율에 맞춰 똑똑 떨어지는 것을 표현하는 듯합니다. 이 어근에서 'contemporaneo동시대의', 'tempesta폭풍', 'tempestivo시기적절한', 'temporale세속의', 'temperatura온도', 'temperare억제하다', 'strimpellare(현악기를) 서투르게 켜다' 등의 수많은 단어들이 파생되었습니다.

이와 달리 그리스어에는 두 개의 상이한 단어가 있습니다. 첫 번째는 chrónos[크로노스]입니다. chrónos는 시계나 모래시계로 측정되는 '객관적 시간tempo'의 흐름을 규정하는 단어이며, 여기에서 이탈리아어 'cronometro초시계', 'cronologia연대학', 'cronistoria연표'

등이 파생되었습니다. 신약 성경에 54회 사용되는 이 단어는 '언제'라는 질문에 대한 이상적인 응답이며, 날짜와 시간의 연속, 본질적으로 달력을 가리킵니다.

두 번째 단어는 신약 성경에 85회 사용된 kairós[카이로스]입니다. kairós는 '어떻게'라는 물음에 대한 응답이며, 날과 해, 사건과 기회의 내용을 묘사합니다. 그래서 예수님께서는 짧은 첫 '설교'에서 당신이 오심으로 인해 "때kairós가 차서 하느님의 나라가 가까이 왔다."(마르 1,15)라고 선포하십니다. 그것은 삶을 변화시키는 결정의 순간이며, 우리가 스스로의 운명을 구축하는 지평입니다. 그러므로 구원은 이미 우리의 시간ore 안에 들어와 있으며, kairós는 단순히 '연대순cronologica'의 연속이 아니라 구원의 씨앗이 뿌려져 하느님 나라가 완전히 꽃 피우기까지 기다리는 토양입니다(마르 4,26-29 참조).

이 시점에서 이토록 광범위한 주제에 대한 일반적 성찰을 제안합니다. 로마 시대의 시인 오비디우스Ovidius는 시간을 edax rerum[에닥스 레룸], 즉 '만물의 포식자'라고 정의했습니다. 분명 시간은 유한하고, 제한적이며, 이는 덧없는 피조물인 우리의 현실에 가장 잘 어울리는 속성입니다. 시편 시인의 노래처럼, 시간은 죽을 운명인 우리 존재에 대한 정의입니다. "사람이란 그 세월 풀과 같아 들의 꽃처럼 피어나지만 바람이 그를 스치면 이내 사라져 그 있던 자리조차 알아내지 못한다. 당신께서 그들을 쓸어 내시면 그들은 아침 잠과도 같고 사라져 가는 풀과도 같습니다. 아침에 돋아났다 사라져 갑니다. 저녁에 시들어 말라 버립니다. 저희의 햇수는 칠십 년 근력이 좋으면 팔십 년. 그 가운데 자랑거리라 해도 고생과 고통이며 어느새 지나쳐 버리니, 저희는 나는 듯 사라집니다."(시편 103,15-16; 90,5-6.10).

이처럼 성경에는 우리의 실존과 우리가 처한 하루살이 같은 덧없음, 그리고 "하루가 천 년 같고 천 년이 하루 같습니다."(2베드 3,8)라고 한 하느님의 영원성과 대비되는 강한 의미가 있습니다. 그러나 성경에서 시간은 무의 심연으로 '연대순'의 시간과 날들이 허망하게 사라지는 것이 아니라, 인간의 역사를 하나의 목표를 향해 이끌어 가는 선택과 행동의 여정으로 이해되었습니다. 이러한 측면에서 구원의 미래로 확장되는 메시아 개념 또는 요한 묵시록에서 더 이상 죽음이 없는 새 예루살렘(묵시 21,4 참조)을 우리 희망의 종착지로 제시하면서 보여 주는 계시가 매우 중요합니다.

사실, 시간의 흐름 속에는 하느님께서 계십니다. 그분은 실제로 과거와 현재, 미래라는 3차원 안에서 시간을 포용하고 초월하실 수 있는 분입니다. 왜냐하면 주님은 "지금도 계시고 전에도 계셨으며 또 앞으로 오실 전능하신 주 하느님"(묵시 1,8)이시기 때문입니다. 그분의 구원 활동은 성조들의 사건, 이집트 탈출의 해방, 땅의 선물, 하느님 아드님께서 시간 안으로 들어오심과 같은 수많은 역사적 사건들인 kairói[카이로이]로 나타납니다.

그리하여 성전은 단지 인간의 집일 뿐 아니라 하느님의 집도 되는 신성한 시간 개념을 갖습니다(2사무 7장). 바로 이러한 이유로 신자들에게 달력은 단순히 일상생활을 위한 것이 아닌, 종교적이고 전례적 의미를 지니게 됩니다. 안식일과 주일, 축일의 구분은 인간의 가장 구체적인 특질인 세속성에 하느님께서 계시다는 표지이며, 이로써 영원성이 확산되어 해가 지지 않는 낮의 충만함에 도달합니다. "주님만 아시는 그날에는 낮과 밤이 없이 대낮만 이어지고, 저녁때에도 빛이 있을 것이다."(즈카 14,7).

ὥρα
hôra

"그들이 예수님을 십자가에 못 박은 때는 아침 아홉 시(셋째 시각)였다. 낮 열두 시(여섯째 시각)가 되자 어둠이 온 땅에 덮여 오후 세 시(아홉째 시각)까지 계속되었다. 오후 세 시에 예수님께서 큰 소리로, "엘로이 엘로이 레마 사박타니?" 하고 부르짖으셨다. 이는 번역하면, '저의 하느님, 저의 하느님, 어찌하여 저를 버리셨습니까?' 라는 뜻이다."(마르 15,25.33-34). 이렇게 마르코 복음사가는 그 봄날, 아마도 기원후 30년의 그날의 시간을 시각별로 기록했습니다. 그 날은 인류 역사에서 매우 중요한 날입니다.

따라서 묵상을 위해 그리스어 단어 hôra[호라], 곧 '시간, 때'를 선택한 것은 자연스러운 일입니다. 물론 이 단어는 신약 성경에 106회 사용되는데, 그중 상당수가 이러한 시간 차원의 측면을 나타냅니다. 예를 들어 포도밭의 주인이 하루 동안 셋째(오전 9시), 여섯째(정오), 아홉째(오후 3시) 시각에 일꾼들을 불러 일을 시킨 뒤, 마지막에 흥미로운 임금 지급으로 사람들을 놀라게 했던 선한 포도밭 주인의 비유(마태 20,1-16)를 떠올릴 수 있습니다. 또한 예수님께서 한낮, 가장 더운 때인 여섯째 시각(정오)에 야곱의 우물가에서 사마리아 여인과 만나는 장면(요한 4,6)도 떠올려 보십시오.

그러나 그리스도의 십자가 처형과 죽음의 시간에 단순한 연대기를 초월하는 가치를 부여한 이는 바로 네 번째 복음서의 저자입니다. 이 사실은 이미 예수님의 공생활 초기에 드러납니다. 갈릴래아 카나의 혼인 잔치에서 예수님께서는 첫 번째 "표징" 곧 단순히 포도주를 풍성히 제공하신 것 이상의 의미를 지닌 기적을 행하셨습니다. 그때 예수님의 어머니 마리아가 본질적이고 구체적 관찰로 "포도주가 없구나."(요한 2,3)라고 말했을 때, 예수님께서는 다소 냉담하게 들릴 수 있는 대답 속에서 'hôra때'라는 단어를 입에 올리십니다. 그리스도께서 대답하셨습니다. "여인이시여, 저에게 무엇을 바라십니까? 아직 저의 때hôra가 오지 않았습니다."(요한 2,4).

실제로 예수님께서 사용하신 이 구절은 셈족 사회의 대화 방식을 따른 것이며, 그들에게는 우리가 인식하는 것보다 덜 거북했습니다. 그 표현은 단지 어떤 문제에 대한 관점의 차이를 드러내는 방식이었습니다. 예수님의 어머니는 물질적인 포도주의 부족을 언급한 반면, 그리스도께서는 다른 상징적 관점에서, 아직 오지 않은 '때'를 가리키셨습니다. 이 '때'라는 단어를 대문자 Hôra로 써야 하는 이유는, 요한 복음사가의 언어에서 그 '때'는 그리스도의 삶에서 본질적 사건, 곧 그분의 수난과 죽음, 영광스럽게 되심을 암시하는 것이며, 따라서 그 '때'가 가리키는 것은 단순한 날짜가 아닌, 지고의 순간을 의미하기 때문입니다.

예를 들어, 예수님을 체포하려는 시도를 언급하면서 요한 복음사가는 "그분께 손을 대는 자는 아무도 없었다. 그분의 **때**가 아직 오지 않았기 때문이다."(요한 7,30)라고 설명합니다. 이는 예수님을 잡으려는 다른 시도에서도 반복됩니다(요한 8,20 참조). 그 '**때**'는 마지막에 이루어집니다. "파스카 축제가 시작되기 전, 예수님께서는 이 세상에서 아버지께로 건너가실 **때**가 온 것을 아셨다. 그분께서는 이 세상에서 사랑하신 당신의 사람들을 끝까지 사랑하셨다."(요한 13,1). 또한 다락방에서 최후의 만찬 중에, 그분께서는 마지막 기도를 이렇게 시작하십니다. "아버지, **때**가 왔습니다."(요한 17,1).

따라서 카나에서 예수님께서 어머니에게 하신 대답은 결코 무시나 거절이 아니었습니다. 오히려 그 말씀은 이미 당신 어머니에게 암시해 두신 다른 차원의 전망을 드러내는 선언이었습니다. 포도주의 선물은 기적 목록에 하나 더 보탤 사건이 아니라, 그리스도의 실존과 모든 행적에 의미를 부여하는 궁극적 목표, 곧 그분의 '때'를 정향한 사건으로 이해되어야 합니다.

그래서 요한 복음사가는 카나 이야기의 끝에서 그것을 '기적'이라 하지 않고, 지고한 그 때를 향하여 나아가는 "표징"(요한 2,11)이라 규정합니다. 그리고 예수님께서 십자가에 못 박혀 돌아가신 뒤, 마리아는 골고타에서 내려오고, 요한은 마치 멀리 떨어져 있던 카나의 사건과 하나의 축으로 연결하듯이 이렇게 설명합니다. "그때부터 그 (사랑받는) 제자가 그분을 자기 집에 모셨다."(요한 19,27).

ㅊ

ㅍ

ㅎ